CENTRE DEL CARME
GOERLICH - FERRERES
26/09/24 - 27/10/24

GENERALITAT
VALENCIANA

CONSORCI
DE MUSEUS
DE   LA
COMUNITAT
VALENCIANA

MIRADAS ABIERTAS

Boye Llorens Peters

Comisario de la exposición

Los museos de arte contemporáneo son la primera referencia para un público general que desea acercarse, apreciar y comprender el arte de su tiempo. Lo que muestran ha sido estudiado y seleccionado por críticos, historiadores, conservadores o gestores que avalan su interés destacándolo dentro del panorama general o en referencia a un contexto concreto. Los relatos museológicos pueden ser diferentes y variados, pero tienden siempre a ser normativos. Incluso cuando no lo pretenden, el público busca encontrar las pautas para la comprensión del arte en perspectiva histórica. Para facilitar esa comprensión y la comunicación, estos relatos son necesariamente lecturas sintéticas, interpretaciones resumidas y por lo tanto, reduccionistas. Por diferentes motivos hay artistas que quedan fuera del espectro institucional, alejados del discurso y por tanto, desconocidos para el gran público.

Las galerías por su parte, siempre han mantenido cierta autonomía con respecto a los discursos oficiales o museológicos y aunque solo sea porque, dispersas en el tejido urbano, hay más galerías que museos, constituyen un recurso más cercano, más directo de acceso al arte para el gran público. Esa autonomía se forja en una relación entre el galerista y el artista que es por lo general más estrecha que en el caso de los museos y esto facilita la libertad del artista a la hora de exponer. En una galería los artistas exponen su trabajo sin necesidad de encajar en el discurso ajeno o la interpretación de un agente cultural que responde a unos intereses que no siempre coinciden con los del propio artista. Es cierto que en ocasiones, el galerista también puede influir en el artista y condicionar la producción para responder a los gustos e intereses de compradores y coleccionistas. Pero también esto promueve mayor diversidad en las propuestas plásticas. En definitiva, los potenciales clientes forman un colectivo mucho más amplio y variado que el de los especialistas, con criterios que divergen, en mayor o menor grado, de los argumentos museológicos o historiográficos. En las galerías encontramos obras para todos los gustos.

Que un artista de la galería pase a formar parte de la colección de un museo siempre contribuye a su difusión y afianza la legitimidad de los criterios de la galería. Pero esto no compromete la autonomía de la galería ni altera su línea de trabajo. La riqueza y la variedad de propuestas que encontramos en el complejo entramado de la oferta comercial continuará siendo una fuente fundamental para críticos, historiadores y conservadores que buscan identificar los signos que definen una época, que ayudan a comprender un momento histórico o bien, que aportan las claves para un cambio de rumbo novedoso, lo suficientemente perdurable o destacable como para afectar o influir en el relato de la contemporaneidad en el arte.

Hubo tiempos en que se proclamaba el triunfo de un movimiento frente a otros. El realismo sucedió al informalismo, más tarde vinieron la nueva figuración y el neoexpresionismo. Pero entre tanto, se desarrollaron el conceptualismo, las performances y los happenings. A principios de los noventa, tras la cancelación en Madrid de una exposición del grupo de los realistas madrileños, surgió de nuevo el debate entre realismo y abstracción, y hubo lecturas parciales e interesadas de la historia. La cuestión pronto giró a la discusión en torno a los medios tradicionales y los nuevos medios, hasta el punto que la pintura pasó a reivindicarse en la reiteración, como pintura-pintura; para ser auténticamente contemporáneo había que trabajar con cualquier medio que no fuera tradicional.

Esto parece haber cambiado. Una de las primeras cosas que nos llamó la atención a Isabel Pérez Ortíz y a mí cuando nos propusimos hacer un sondeo de los artistas presentes en las galerías valencianas es que no existe ninguna tendencia que destaque por encima de otras. Los viejos debates parecen definitivamente superados y en las galerías encontramos una enorme diversidad de enfoques, propuestas y maneras de entender el arte. Encontramos artistas que trabajan con medios como la fotografía, el vídeo o la instalación conviviendo con pintores, escultores y dibujantes, tanto en el campo de la abstracción como con lenguajes figurativos. En la selección de artistas que hemos consensuado, hemos que-

MIRADES OBERTES

Boye Llorens Peters

Comissari de l'exposició

Els museus d'art contemporani són la primera referència per a un públic general que desitja acostar-se, apreciar i comprendre l'art del seu temps. Allò que mostren ha sigut estudiat i seleccionat per crítics, historiadors, conservadors o gestors que avalen el seu interés, destacant-lo dins del panorama general o en referència a un context concret. Els relats museològics poden ser diferents i variats, però tendixen sempre a ser normatius. Fins i tot quan no ho pretenen, el públic busca trobar les pautes per a la comprensió de l'art en perspectiva històrica. Per a facilitar eixa comprensió i la comunicació, estos relats són necessàriament lectures sintètiques, interpretacions resumides i per tant, reduccionistes. Per diferents motius hi ha artistes que queden fora de l'espectre institucional, allunyats del discurs i per tant, desconeguts per al gran públic.

Les galeries, per la seua banda, sempre han mantingut una certa autonomia respecte als discursos oficials o museològic i encara que només siga perquè, disperses en el teixit urbà, hi ha més galeries que museus, constituïxen un recurs més pròxim, més directe, d'accés a l'art per al gran públic. Eixa autonomia es forja en una relació entre el galerista i l'artista que és en general més estreta que en el cas dels museus, la qual cosa facilita la llibertat de l'artista a l'hora d'exposar. En una galeria els artistes exposen el seu treball sense necessitat d'encaixar en el discurs alié o la interpretació d'un agent cultural que respon a uns interessos que no sempre coincidixen amb els del propi artista. És cert que a vegades el galerista també pot influir en l'artista i condicionar la producció per tal de respondre als gustos i interessos de compradors i col·leccionistes. Però també això promou una major diversitat en les propostes plàstiques. En definitiva, els potencials clients formen un col·lectiu molt més ampli i variat que el dels especialistes, amb criteris que divergixen, en major o menor grau, dels arguments museològics o historiogràfics. En les galeries trobem obres per a tots els gustos.

Que un artista de la galeria passe a formar part de la col·lecció d'un museu sempre contribuïx a la seua difusió i aferma la legitimitat dels criteris de la galeria. Però això no compromet l'autonomia de la galeria ni altera la seua línia de treball. La riquesa i la varietat de propostes que trobem en el complex entramat de l'oferta comercial continuarà sent una font fonamental per a crítics, historiadors i conservadors que busquen identificar els signes que definixen una època, que ajuden a comprendre un moment històric, o bé que aporten les claus per a un canvi de rumb nou, suficientment perdurable o destacable com per a afectar o influir en el relat de la contemporaneïtat en l'art.

Va haver-hi uns temps en què es proclamava el triomf d'un moviment enfront d'uns altres. El realisme va succeir a l'informalisme, més tard van vindre la nova figuració i el neoexpressionisme. Però mentres, es van desenrotllar el conceptualisme, les *performances* i els *happenings*. A principis dels noranta, després de la cancel·lació a Madrid d'una exposició del grup dels realistes madrilenys, va sorgir de nou el debat entre realisme i abstracció, i va haver-hi lectures parcials i interessades de la història. La qüestió prompte va derivar cap a la discussió entorn dels mitjans tradicionals i els nous mitjans, fins al punt que la pintura va passar a reivindicar-se en la reiteració, com a pintura-pintura; per a ser autènticament contemporani calia treballar amb qualsevol mitjà que no fora tradicional.

Això sembla haver canviat. Una de les primeres coses que ens va cridar l'atenció a Isabel Pérez Ortiz i a mi quan ens vam proposar fer un sondeig dels artistes presents en les galeries valencianes és que no existix cap tendència que destaque per damunt d'unes altres. Els vells debats semblen definitivament superats i en les galeries trobem una enorme diversitat d'enfocaments, propostes i maneres d'entendre l'art. Trobem artistes que treballen amb mitjans com la fotografia, el vídeo o la instal·lació convivint amb pintors, escultors i dibuixants, tant en el camp de l'abstracció com amb llenguatges figuratius. En la selecció d'artistes que hem consensuat, hem volgut reflectir esta realitat incloent artistes de diferents edats i procedències.

rido reflejar esta realidad incluyendo artistas de distintas edades y procedencias.

Con la intención de reflejar esta realidad tan diversa con una mirada abierta, inclusiva, y de manera transversal, evitando posicionamientos concretos o interpretaciones jerarquizantes, la exposición se ha instalado en las salas Goerlich y Ferreres del Centro del Carmen atendiendo a criterios visuales, buscando cierto equilibrio estético y en todo caso, sugiriendo relaciones de complementariedad entre artistas, propósitos y materiales. La selección de artistas se ha realizado pensando en el espacio que iban a ocupar en la sala y cómo iban a interactuar las obras unas frente a otras, de manera que en algunos casos, aunque nos habría gustado incluir a algún artista en concreto, finalmente lo hemos descartado por razones de distribución y montaje.

El recorrido comienza por el trabajo de Fuentesal Arenillas, una pareja de artistas andaluces que aporta una obra escultórica en madera y cristal que explora las posibilidades del espacio, la luz y los materiales, la robustez y la liviandad de la transparencia, planteando una reflexión muy actual sobre la reutilización o el reaprovechamiento de elementos de diversas procedencias u orígenes. Se desprende un interés por los aspectos formales que intervienen en nuestra relación con los objetos cotidianos y las posibilidades de percibirlos y asimilarlos como algo lúdico o plásticamente estimulante. Frente a ellos se encuentra una instalación textil de Andrea Canepa que siempre juega con instalaciones envolventes o que interpelan al espectador a interactuar espacialmente con la obra como elemento lúdico y liberador. La voluntad de explorar los efectos del textil para superponer capas curvilíneas traslúcidas con manchas planas de color resulta sugerente; en definitiva, es una manera de reivindicar la tela como material escultórico alejada de connotaciones artesanales.

Enseguida pasamos a la sala Ferreres donde nos encontramos de frente con las figuras de Antonio Samo, cuyos cuerpos surgen, tallados en bloques sólidos de madera. Son personajes anónimos que despiertan cierto desasosiego con su actitud hierática y sus toques planos de pintura. El gusto del artista por las referencias clásicas se evidencia en la composición de fragmentos de cuerpo que encontramos en primer plano que remiten al arte de la cultura greco-romana.

En la primera sala lateral encontramos el trabajo en colaboración de los alicantinos Infante Guerrero & Guerrero Intante, una instalación de diversos elementos con un lenguaje sintético que alude a narraciones de vivencias misteriosas y explora los límites entre el mito, la magia y los ritos como límites propios del lenguaje artístico. Se trata de un trabajo en colaboración que integra los lenguajes característicos de ambos autores dentro de un proyecto premeditadamente indefinido para asegurarse la libertad de trabajar con cualquier medio o lenguaje. Frente a ellos, un solo cuadro, un gran tríptico de Carolina Ferrer, acaso la artista con mayor trayectoria de la selección. Realizado para esta exposición, con su habitual factura sintética y rectilínea, con luz gris y el verde luminoso tan característico de su trabajo, la artista introduce por primera vez la fotografía en su obra, integrando un fondo de muro de hormigón en la composición y focalizando la atención en las siluetas de una cámara sobre trípode y otros utensilios fotográficos.

En la sala de enfrente se proyecta un vídeo de Gianfranco Foschino que, sobre una gran pantalla en la oscuridad de la sala, atrapa al espectador en el tiempo pausado del movimiento de la bruma que entra y sale lentamente en un claro de la curva de un camino de bosque de verde, frondosa y envolvente vegetación. La composición y la luz remiten a la pintura romántica, interpretada desde parámetros contemporáneos, y el formato de la proyección, con la pantalla alzándose desde el suelo, casi invita a adentrarse en el camino del bosque.

En la parte más amplia de la nave central de la sala Ferreres enfrentamos dos propuestas muy diferentes. Por un lado tenemos un tríptico fotográfico de Alejandro Mañas. De acuerdo con su habitual línea de trabajo en torno a la experiencia y las manifestaciones de la identidad personal, se muestra a sí mismo con gesto casi barroco, sobre fondo negro, expulsando por la boca agua, fuego o humo, como representación simbólica de diferentes aspectos de la naturaleza humana.

Frente a este tríptico se despliega la obra de Claudia Pastomás, con dos piezas de pared y dos

Amb la intenció de reflectir esta realitat tan diversa amb una mirada oberta, inclusiva, i de manera transversal, evitant posicionaments concrets o interpretacions jerarquitzants, l'exposició s'ha instal·lat a les sales Goerlich i Ferreres del Centre del Carmen atenent a criteris visuals, buscant cert equilibri estètic i en tot cas, suggerint relacions de complementarietat entre artistes, propòsits i materials. La selecció d'artistes s'ha realitzat pensant en l'espai que anaven a ocupar a la sala i com anaven a interactuar les obres, les unes enfront de les altres, de manera que en alguns casos, encara que ens hauria agradat incloure algun artista en concret, finalment l'hem descartat per raons de distribució i muntatge.

El recorregut comença pel treball de Fuentesal Llaurenillas, una parella d'artistes andalusos que aporta una obra escultòrica en fusta i cristall que explora les possibilitats de l'espai, la llum i els materials, la robustesa i la lleugeresa de la transparència, plantejant una reflexió molt actual sobre la reutilització o el reaprofitament d'elements de diverses procedències o orígens. Es desprén un interés pels aspectes formals que intervenen en la nostra relació amb els objectes quotidians i les possibilitats de percebre'ls i assimilar-los com una cosa lúdica o plàsticament estimulant. Enfront d'ells es troba una instal·lació tèxtil d'Andrea Canepa que sempre juga amb instal·lacions envoltants o que interpel·len l'espectador a interactuar espacialment amb l'obra com a element lúdic i alliberador. La voluntat d'explorar els efectes del tèxtil per a superposar capes curvilínies translúcides amb taques planes de color resulta suggeridor; en definitiva, és una manera de reivindicar la tela com a material escultòric allunyada de connotacions artesanals.

De seguida passem a la sala Ferreres on ens trobem de front amb les figures d'Antonio Samo, els cossos de les quals sorgixen tallats en blocs sòlids de fusta. Són personatges anònims que desperten cert desassossec amb la seua actitud hieràtica i els seus tocs plans de pintura. El gust de l'artista per les referències clàssiques s'evidencia en la composició de fragments de cos que trobem en primer pla que remeten a l'art de la cultura greco-romana.

En la primera sala lateral trobem el treball en col·laboració dels alacantins Infant Guerrer & Guerrer Intante, una instal·lació de diversos elements amb un llenguatge sintètic que al·ludix a narracions de vivències misterioses i explora els límits entre el mite, la màgia i els ritus com a límits propis del llenguatge artístic. Es tracta d'un treball en col·laboració que integra els llenguatges característics dels dos autors dins d'un projecte premeditadament indefinit per a assegurar la llibertat de treballar amb qualsevol mitjà o llenguatge. Enfront d'ells, un sol quadre, un gran tríptic de Carolina Ferrer, potser l'artista amb major trajectòria de la selecció. Realitzat per a esta exposició, amb la seua habitual factura sintètica i rectilínia, amb llum grisa i el verd lluminós tan característic del seu treball, l'artista introduïx per primera vegada la fotografia en la seua obra, integrant un fons de mur de formigó en la composició i focalitzant l'atenció en les siluetes d'una càmera sobre trípode i uns altres utensilis fotogràfics.

A la sala de davant es projecta un vídeo de Gianfranco Foschino que, sobre una pantalla gran en la foscor de la sala, atrapa l'espectador en el temps pausat del moviment de la boira que entra i ix lentament en un clar de la corba d'un camí de bosc de verd, frondosa i envoltant vegetació. La composició i la llum remeten a la pintura romàntica, interpretada des de paràmetres contemporanis, i el format de la projecció, amb la pantalla alçant-se des del sòl, quasi convida a endinsar-se en el camí del bosc.

En la part més àmplia de la nau central de la sala Ferreres enfrontem dos propostes molt diferents. D'una banda, tenim un tríptic fotogràfic d'Alejandro Mañas. D'acord amb la seua habitual línia de treball entorn de l'experiència i les manifestacions de la identitat personal, es mostra a si mateix amb gest quasi barroc, sobre fons negre, expulsant per la boca aigua, foc o fum, com a representació simbòlica de diferents aspectes de la naturalesa humana.

Enfront d'este tríptic es desplega l'obra de Claudia Pastomás, amb dos peces de paret i dos escultures de sòl que funcionen en conjunt com una instal·lació, responent a inquietuds espacials. El díptic de paret funciona com si foren esculturas de suelo que funcionan en conjunto como una instalación, respondiendo a inquietudes espaciales. El díptico de pared funciona como si fueran pinturas abstractas monocromas, pero tratándose de obras de chapa muy fina de madera teñida de verde musgo, con dibujos lineales de motivos decorativos hechos con perforaciones, colgadas como una cortina a unos centímetros de la pared, adquieren naturaleza escultórica. En las dos piezas de suelo, dos grandes planchas de DM curvado al vapor, una de ellas reforzando su relación con las obras de la pared al repetir en su cara interior la misma chapa tintada de verde, se evidencia el interés de la artista por los encuentros fortuitos con formas estéticamente autónomas que surgen de los procesos de trabajo tanto artesanal como industrial.

En la sala lateral contigua dos autores muy diferentes entre sí encuentran un equilibrio a través de referentes estéticos que remiten al arte de los años ochenta. Por un lado está la obra del madrileño Rafael Macarrón que realiza una pintura de gesto gráfico, muy directa y espontánea que celebra la libertad creativa a través de llamativas combinaciones cromáticas y una técnica mixta que combina elementos extrapictóricos. Sus composiciones se encuentran próximas al espíritu de la ilustración gráfica que tanto influyó en los artistas de la "movida" y a esa estética inmediata de muralistas grafiteros de los ochenta que llegaron a tener presencia en las galerías. Por su parte, David Sánchez, ha realizado in situ una composición directamente sobre la pared de la sala mostrando un dominio espacial y de escala que procede de su trabajo como artista urbano muralista. Se trata de un muralismo que busca integrar elementos tridimensionales de formas rectilíneas sobre texturas de carácter propiamente pictóricas y que a través de las combinaciones cromáticas rinde homenaje a los primeros años de la eclosión de la cultura del grafiti. Las galerías llevan unos años prestando atención a la estética urbana porque debido a su popularidad y fácil difusión ha permitido la aparición de un nuevo perfil de coleccionismo.

Frente a esta sala hemos reunido dos artistas con lenguajes muy distintos, una abstracta y otro figurativo, que sin embargo apuntan a un interés común por la naturaleza. Por un lado tenemos al mallorquín Félix Coll, que renueva el naturalismo de tintas impresionistas trabajando con efectos lumínicos de instantánea y una pincelada muy suelta que desdibuja el detalle para simular el efecto de los borrosos recuerdos de infancia, de esa misma inocencia elemental que se evoca cuando se cita a Thoreau o hacemos referencias a paraísos terrenales. Frente a él encontramos la obra abstracta de la brasileña Ylana Yaari que alude a la naturaleza a través del color y las formas curvilíneas organicistas, una abstracción que remite a las manifestaciones de la modernidad sudamericana de los años cincuenta y sesenta, mientras al mismo tiempo y especialmente a través de sus esculturas textiles, reivindica de manera muy actual el interés por los procesos de trabajo artesanales con un guiño al indigenismo y su relación de simbiosis con la naturaleza.

Continuando el recorrido, en la siguiente sala encontramos de nuevo un contraste entre artistas que sin embargo, resultan complementarias precisamente en sus alusiones arquitectónicas y al mundo vegetal. La castellonense Marta F. Gimeno presenta un trabajo fotográfico sobre el Jardín de Monforte en Valencia en una instalación de imágenes en blanco y negro muy contrastado de plantas y elementos arquitectónicos del histórico jardín público que presenta como refugio para la reflexión introspectiva en torno a la memoria y la identidad. Adaptó la instalación para la sala jugando con diferentes formatos, tamaños y alturas, de la misma forma en que juega en sus composiciones con la eficacia poética de imágenes descuadradas sobre fondo negro o combinadas con elementos diagramáticos que en ocasiones se extienden entre las fotos en forma de ramificaciones lineales de vinilo negro. La instalación se completa con un libro y un vídeo en un pequeño monitor. Frente a ella encontramos cuatro grandes lienzos de Helga Grollo. Son cuadros abstractos, de mancha más que pincelada, con composiciones que se insinúan constructivas donde las texturas son las protagonistas, con tramas sugeridas que a veces se convierten en laberintos y otras en huellas de frondosa vegetación, y fragmentos superpuestos que, como sucedía en su serie de letras superpuestas como en un palimpsesto, ocultan algo que nunca conoceremos. Los colores de Grollo

pintures abstractes monocromes, però es tracta d'obres de xapa molt fina de fusta tenyida de verda molsa, amb dibuixos lineals de motius decoratius fets amb perforacions, penjades com una cortina a uns centímetres de la paret, que adquirixen naturalesa escultòrica. En les dos peces de sòl, dos grans planxes de DM corbat al vapor, una de les quals reforça la seua relació amb les obres de la paret en repetir en la seua cara interior la mateixa xapa tintada de verd, evidencien l'interés de l'artista per les trobades fortuïtes amb formes estèticament autònomes que sorgixen dels processos de treball tant artesanal com industrial.

A la sala lateral contigua dos autors molt diferents entre si troben un equilibri a través de referents estètics que remeten a l'art dels anys huitanta. D'una banda, està l'obra del madrileny Rafael Macarrón que realitza una pintura de gest gràfic, molt directa i espontània, que celebra la llibertat creativa a través de cridaneres combinacions cromàtiques i una tècnica mixta que combina elements extrapictòrics. Les seues composicions es troben pròximes a l'esperit de la il·lustració gràfica que tant va influir en els artistes de la "movida" i a eixa estètica immediata de muralistes grafiters dels huitanta que van arribar a tindre presència en les galeries. Per la seua part, David Sánchez, ha realitzat in situ una composició directament sobre la paret de la sala mostrant un domini espacial i d'escala que procedix del seu treball com a artista urbà muralista. Es tracta d'un muralisme que busca integrar elements tridimensionals de formes rectilínies sobre textures de caràcter pròpiament pictòriques i que a través de les combinacions cromàtiques ret homenatge als primers anys de l'eclosió de la cultura del grafiti. Les galeries porten uns anys parant atenció a l'estètica urbana perquè a causa de la seua popularitat i fàcil difusió ha permés l'aparició d'un nou perfil de col·leccionisme.

Enfront d'esta sala hem reunit dos artistes amb llenguatges molt distints, una abstracta i un altre figuratiu, que no obstant això, apunten a un interés comú per la naturalesa. D'una banda, tenim al mallorquí Félix Coll, que renova el naturalisme de tintes impressionistes treballant amb efectes lumínics d'instantània i una pinzellada

molt solta que desdibuixa el detall per a simular l'efecte dels borrosos records d'infància, d'eixa mateixa innocència elemental que s'evoca quan se cita a Thoreau o fem referències a paradisos terrenals. Enfront d'ell trobem l'obra abstracta de la brasilera Ylana Yaari que al·ludix a la naturalesa a través del color i les formes curvilínies organicistes, una abstracció que remet a les manifestacions de la modernitat sud-americana dels anys cinquanta i seixanta, mentres alhora i, especialment a través de les seues escultures tèxtils, reivindica de manera molt actual l'interés pels processos de treball artesanals amb una picada d'ullet a l'indigenisme i la seua relació de simbiosi amb la naturalesa.

Continuant el recorregut, en la següent sala trobem de nou un contrast entre artistes que no obstant això, resulten complementàries precisament en les seues al·lusions arquitectòniques i al món vegetal. La castellonenca Marta F. Gimeno presenta un treball fotogràfic sobre el Jardí de Monfort a València en una instal·lació d'imatges en blanc i negre molt contrastat de plantes i elements arquitectònics de l'històric jardí públic que es presenta com a refugi per a la reflexió introspectiva entorn de la memòria i la identitat. Va adaptar la instal·lació per a la sala jugant amb diferents formats, grandàries i altures, de la mateixa forma en què juga en les seues composicions amb l'eficàcia poètica d'imatges desquadrades sobre fons negre o combinades amb elements diagramàtics que a vegades s'estenen entre les fotos en forma de ramificacions lineals de vinil negre. La instal·lació es completa amb un llibre i un vídeo en un xicotet monitor. Enfront d'ella trobem quatre grans llenços de Helga Grollo. Són quadres abstractes, de taca més que pinzellada, amb composicions que s'insinuen constructives on les textures són les protagonistes, amb trames suggerides que a vegades es convertixen en laberints i altres en petjades de frondosa vegetació, i fragments superposats que, com succeïa en la seua sèrie de lletres superposades com en un palimpsest, oculten alguna cosa que mai coneixerem. Els colors de Grollo contenen una lluminositat mediterrània malgrat la seua subtilesa i neutralitat.

Una llum totalment distinta trobem en les pintures de l'eslovac Martin Kačmarek. Es tracta

encierran una luminosidad mediterránea a pesar de su sutileza y neutralidad.

Una luz totalmente distinta encontramos en las pinturas del eslovaco Martin Kačmarek. Se trata de una pintura figurativa de una suerte de costumbrismo rural contemporáneo que explora las fobias y los vicios de la conducta humana. Sus personajes presentan una robustez física que remite al realismo soviético y unas proporciones monumentales propias del muralismo. La técnica combina con maestría el aerosol con ligeros toques de pincel para lograr unos efectos de falta de nitidez en los paisajes como si se tratara de los paisajes de fondo en un videojuego. Las escenas son oscuras, con colores sucios, como bajo la luz de un cielo plomizo, con cierto misterio; no es una luz natural pues, como si se tratara de nuevo de una pantalla de videojuego, la luz parece venir de detrás de la pintura.

Frente a él, un nuevo cambio de registro con las pinturas abstractas de Estefanía Serrano. Sus pinturas de tramas y secuencias lineales realizadas con mancha plana, gris o negra, y reservas sobre madera cruda, encuentran unos efectos de contraste que transmiten ritmo y musicalidad. Las líneas curvas de su coqueteo con la sección aúrea que introduce en los cuadros que ha pintado expresamente para esta exposición refuerzan la sensación de movimiento o, cuanto menos, de sutil desequilibrio. El trabajo de esta joven remite a presupuestos próximos a los constructivistas y al arte cinético.

Encontramos asimismo presupuestos geométricos en la propuesta de Javier Riera. Más conocido quizá por sus proyecciones de luz sobre paisajes naturales o vegetales al aire libre, para esta exposición ha preparado una instalación de interior donde una secuencia caleidoscópica de formas geométricas que se transforman según van girando en círculos que crecen desde el centro hacia el exterior se proyecta atravesando una sucesión de gasas casi transparentes. La distancia entre estas telas hace que la mancha de luz aumente en cada capa, de forma que se produce una profundidad de campo definida por círculos concéntricos que refuerza el efecto envolvente de la pieza y por tanto su atractivo hipnótico y cautivador.

Cierto interés por lo geométrico asoma también en la obra de Ignacio Uriarte instalada como un rosetón al fondo de la nave central de la sala Ferreres. Se trata de una composición de ocho dibujos que, rotados cada uno a cuarentaicinco grados respecto del anterior, forman una estrella geométrica de ocho puntas en la que, a su vez se dibuja un gran círculo definido por una franja blanca ligeramente curva, de bordes difuminados e interrumpida entre dibujos, que surge entre un interior rojo y un exterior negro. Definiéndose como artista de oficina que trabaja siempre sobre papel, Uriarte utiliza en esta ocasión bolígrafos rojos y negros como en los libros de contabilidad, para hacer surgir el círculo a partir de la gradación de la intensidad de unos garabatos propios de administrativo aburrido mientras piensa en las ocho horas de trabajo, las ocho de ocio y las ocho de descanso que definen su rutina diaria. Tremendamente evocador, el trabajo del artista nos recuerda que el arte puede surgir con formas modestas de cualquier lugar en los márgenes de la cotidianidad.

Con estas dieciocho propuestas seleccionadas, una por cada galería de las asociadas a la LAVAC, pensamos que ofrecemos una mirada lo suficientemente amplia como para abarcar y reflejar la enorme variedad que encontramos en el trabajo de los artistas en la actualidad. Se podría postular que esta gran diversidad de enfoques plásticos, donde no existe ninguna corriente o tendencia dominante, es consecuencia del atropellado momento histórico que vivimos, con gran incertidumbre en la geopolítica, en la economía, en lo climático, en lo ambiental y en el ámbito sociocultural, donde las nuevas formas de comunicación y de acceso a la información afectan directamente al aprendizaje y al conocimiento; en definitiva, a la percepción de nuestra propia existencia. En cualquier caso, se advierte la persistencia en el arte de unas inquietudes y preocupaciones muy extendidas y arraigadas en la sociedad de hoy y resulta edificante observar una voluntad en los artistas de mirar hacia atrás en la historia, de revisar movimientos históricos a la luz del contexto actual; al fin y al cabo, el arte siempre ha brindado la opción de mirar al mundo de forma diferente y en esta exposición, cada uno de los artistas con su perspectiva y su personalidad, ofrece sobre la realidad una mirada muy abierta.

d'una pintura figurativa d'una sort de costumisme rural contemporani que explora les fòbies i els vicis de la conducta humana. Els seus personatges presenten una robustesa física que remet al realisme soviètic i unes proporcions monumentals pròpies del muralisme. La tècnica combina amb mestria l'aerosol amb lleugers tocs de pinzell per a aconseguir uns efectes de falta de nitidesa en els paisatges, com si es tractara dels paisatges de fons en un videojoc. Les escenes són fosques, amb colors bruts, com sota la llum d'un cel plomís, amb un cert misteri; no és una llum natural perquè, com si es tractara de nou d'una pantalla de videojoc, la llum sembla vindre de darrere de la pintura.

Enfront d'ell, un nou canvi de registre amb les pintures abstractes d'Estefanía Serrano. Les seues pintures de trames i seqüències lineals realitzades amb taca plana, grisa o negra, i reserves sobre fusta crua, troben uns efectes de contrast que transmeten ritme i musicalitat. Les línies corbes del seu coqueteig amb la secció àuria que introduïx en els quadres que ha pintat expressament per a esta exposició reforcen la sensació de moviment o, com menys, de subtil desequilibri. El treball d'esta jove remet a postulats pròxims als constructivistes i a l'art cinètic.

Trobem així mateix postulats geomètrics en la proposta de Javier Riera. Més conegut potser per les seues projeccions de llum sobre paisatges naturals o vegetals a l'aire lliure, per a esta exposició ha preparat una instal·lació d'interior on una seqüència calidoscòpica de formes geomètriques que es transformen segons van girant en cercles que creixen des del centre cap a l'exterior es projecta travessant una successió de gases quasi transparents. La distància entre estes teles fa que la taca de llum augmente en cada capa, de manera que es produïx una profunditat de camp definida per cercles concèntrics que reforça l'efecte envolupant de la peça i per tant el seu atractiu hipnòtic i captivador.

Un cert interés pel geomètric brolla també en l'obra d'Ignacio Uriarte, instal·lada com una rosassa al fons de la nau central de la sala Ferreres. Es tracta d'una composició de huit dibuixos que, girats cadascun a quaranta-cinc graus respecte de l'anterior, formen una estrela geomètrica de huit puntes en la qual, al seu torn, es dibuixa un gran cercle definit per una franja blanca lleugerament corba, de vores difuminades i interrompuda entre dibuixos, que sorgix entre un interior roig i un exterior negre. Uriarte, qui es definix com a artista d'oficina que treballa sempre sobre paper, utilitza en esta ocasió bolígrafs rojos i negres com en els llibres de comptabilitat, per a fer sorgir el cercle a partir de la gradació de la intensitat d'uns gargots propis d'administratiu avorrit mentres pensa en les huit hores de treball, les huit d'oci i les huit de descans que definixen la seua rutina diària. Tremendament evocador, el treball de l'artista ens recorda que l'art pot sorgir amb formes modestes de qualsevol lloc en els marges de la quotidianitat.

Amb estes díhuit propostes seleccionades, una per cada galeria de les associades a la LAVAC, pensem que oferim una mirada prou àmplia com per a abastar i reflectir l'enorme varietat que trobem en el treball dels artistes en l'actualitat. Es podria postular que esta gran diversitat d'enfocaments plàstics, on no existix cap corrent o tendència dominant, és conseqüència de l'atropellat moment històric que vivim, amb gran incertesa en la geopolítica, en l'economia, en l'àmbit climàtic, en l'ambiental i en el sociocultural, on les noves formes de comunicació i d'accés a la informació afecten directament l'aprenentatge i el coneixement; en definitiva, afecten la percepció de la nostra pròpia existència. En qualsevol cas, s'advertix la persistència en l'art d'unes inquietuds i preocupacions molt esteses i arrelades en la societat de hui i resulta edificant observar una voluntat en els artistes de mirar cap arrere en la història, de revisar moviments històrics a la llum del context actual; al cap i a la fi, l'art sempre ha brindat l'opció de mirar al món de manera diferent i en esta exposició, cadascun dels artistes amb la seua perspectiva i la seua personalitat, oferix sobre la realitat una mirada molt oberta.

MUCHAS Y VARIADAS MIRADAS

Isabel Pérez Ortiz

Comisaria de la exposición

"Esta no es una exposición de galerías, Isabel", no deja de repetirme mi compañero en este comisariado conjunto, Boye Llorens Peters, a lo largo de la preparación de la exposición Miradas Abiertas. Agacho la cabeza en señal de asentimiento. Mi confusión se produce porque se solapa el evento cultural Abierto Valencia, la fiesta de las galerías de arte contemporáneo, LAVAC -Asociación de Galerías de Arte Contemporáneo de la Comunitat Valenciana-, con la coordinación técnica de la exposición que el Centre del Carme realiza de las tres galerías de fuera de la capital. Y todo ello con el comisariado y coordinación de una colectiva a realizar también en el Centre del Carme de artistas escogidos de cada una de las galerías de la ya antes mencionada asociación. Demasiadas galerías a la vez. Me lío.

Durante meses Llorens y yo hemos ido recorriendo las galerías en busca del artista que más se acoplara para este proyecto. Al igual que haríamos con cualquier otro proyecto, nos ceñimos al plan de buscar a los artistas en función de una temática previamente establecida. Dicho discurso expositivo, nunca cerrado ni limitativo, tuvo que ir ampliándose sin embargo conforme avanzábamos en nuestra búsqueda. Con cierta desesperación, más por mi parte que por la de él, los títulos, temáticas y discursos fueron desapareciendo del horizonte; no parecía que ningún título, ni tan siquiera subtítulo, pudiera abarcar tanta diversidad. Cada galería valenciana trabaja con tal pluralidad y heterogeneidad de artistas y propuestas, es tal la amplitud del mercado del arte contemporáneo que, concluimos, era el título el que tenía que adaptarse a los artistas: no había una sola mirada, sino muchas y variadas. Así nació Miradas Abiertas.

Con lo cual, teníamos a 18 artistas pertenecientes a cada una de las galerías, elegidos para esta exposición específicamente por sus propuestas artísticas, por su proyecto, la diversidad de técnicas, la dimensión de las piezas -no podíamos perder de vista el espacio en el que estarían expuestas-, y por el impacto visual que generaría en el espectador. Y todas ellas y ellos escogidos independientemente de la relación con su galería.

No dejo de preguntarme, sin embargo, dónde empieza el artista y dónde la galería.

Es evidente que la galería no podría existir sin la fuerza creadora de los primeros. Pero ¿podrían estos evolucionar, avanzar, crear sin el soporte económico y personal que sus galeristas les proporcionan? Las ferias nacionales e internacionales, los contactos, el asesoramiento en el montaje, la búsqueda de coleccionistas en la propia comunidad y fuera de ella, su siempre afectuosa acogida, la concurrencia de un público fiel, la edición de un catálogo por pequeño que sea, el contacto directo con las instituciones públicas para que inviertan en arte, subvencionen o, simplemente, les tengan en cuenta como un sector económico más al que cuidar; por no hablar del apoyo psicológico que los galeristas prestan a sus artistas, la disponibilidad diaria, mañana, tarde o noche, estén en plenas vacaciones o no, las largas e interminables conversaciones al teléfono para transmitirles bien ánimo, bien consuelo, y las más de las veces guía, orientación y consejo.

Me cuesta imaginar que ese apoyo, protección, y trabajo diario lo pueda realizar la mejor de las páginas webs que los artistas se puedan crear. Así como tampoco creo que la presencia constante en las redes sociales puede sustituir la labor de persuasión, comunicación y relaciones profesionales y humanas que los galeristas van tejiendo.

Un urinario, o *Fuente*, como obra de arte choca, es evidente. Nos planteamos si Duchamp tendría la relevancia que consiguió si marchantes y galeristas como los norteamericanos Stieglitz o Joseph Brummer, no hubieran empezado a exhibir ese arte contemporáneo nuevo y "radical" proveniente de Europa, picassos, brancusis, y demás vanguardias, que coleccionistas como John Quinn – artífice de que en 1909 el Congreso de los Estados Unidos aboliera los aranceles sobre las obras modernas-, o el matrimonio Arensberg adquirieron con fruición. O, ya cercanos a nuestro siglo, qué hubiera sido de Jasper Johns o Richard Serra sin Leo Castelli o Larry Gagosian.

Nada más lejos de mi ánimo pretender comparar aquellos tiempos con los actuales, ni el mercado del arte de Nueva York con el valenciano. *Miradas Abiertas* no es una exposición de galerías, efectivamente, porque en todo momento hemos querido dar protagonismo a ellas y a ellos, las y los autores, artistas que se han ilusionado, colaborado, han transitado por el espacio más de una vez y se han imbuido del espíritu que transmiten estas salas Goerlich-Ferreres tan difíciles a la vez que maravillosas, han creado piezas expresamente para esta colectiva y lo han hecho, y se lo agradecemos infinitamente, por amor al arte; han expuesto sus dudas, confiado, y se han volcado en el montaje en particular y con el proyecto en general. Pero es evidente que los protagonistas de esta exposición deben mucho de su trayectoria a los galeristas que les representan.

MOLTES I VARIADES MIRADES

Isabel Pérez Ortiz
Comissària de l'exposició

«Esta no és una exposició de galeries, Isabel», no deixa de repetir-me el meu company en este comissariat conjunt, Boye Llorens Peters, al llarg de la preparació de l'exposició *Mirades Obertes*. Abaixe el cap en senyal d'assentiment. La meua confusió es produïx perquè se solapa l'esdeveniment cultural Obert València, la festa de les galeries d'art contemporani, LAVAC –Associació de Galeries d'Art Contemporani de la Comunitat Valenciana–, amb la coordinació tècnica de l'exposició que el Centre del Carme realitza de les tres galeries de fora de la capital. I tot això amb el comissariat i coordinació d'una col·lectiva a realitzar també en el Centre del Carme d'artistes triats de cadascuna de les galeries de la ja abans esmentada associació. Massa galeries alhora. M'embolique...

Durant mesos Llorens i jo hem anat recorrent les galeries a la recerca de l'artista que més s'acoblara per a este projecte. Igual que faríem amb qualsevol altre projecte, ens cenyim al pla de buscar els artistes en funció d'una temàtica prèviament establida. Este discurs expositiu, mai tancat ni limitatiu, va haver d'anar ampliant-se, no obstant això, conforme avançàvem en la nostra busca. Amb una certa desesperació, més per part meua que per la d'ell, els títols, temàtiques i discursos van anar desapareixent de l'horitzó; no semblava que cap títol, ni tan sols subtítol, poguera abastar tanta diversitat. Cada galeria valenciana treballa amb tal pluralitat i heterogeneïtat d'artistes i propostes, és tal l'amplitud del mercat de l'art contemporani que, concloem, era el títol el que havia d'adaptar-se als artistes: no hi havia una sola mirada, sinó moltes i variades. Així va nàixer *Mirades obertes*.

Amb la qual cosa, teníem a 18 artistes pertanyents a cadascuna de les galeries triats per a esta exposició específicament per les seues propostes artístiques, pel seu projecte, la diversitat de tècniques, la dimensió de les peces —no podíem perdre de vista l'espai en el qual estarien exposades— i per l'impacte visual que generaria en l'espectador. I totes elles i ells triats independentment de la relació amb la seua galeria.

13

No deixe de preguntar-me, no obstant això, on comença l'artista i on la galeria.

És evident que la galeria no podria existir sense la força creadora dels primers. Però podrien estos evolucionar, avançar, crear sense el suport econòmic i personal que els seus galeristes els proporcionen? Les fires nacionals i internacionals, els contactes, l'assessorament en el muntatge, la busca de col·leccionistes en la mateixa comunitat i fora d'ella, el seu sempre afectuós acolliment, la concurrència d'un públic fidel, l'edició d'un catàleg per xicotet que siga, el contacte directe amb les institucions públiques perquè invertisquen en art, subvencionen o, simplement, els tinguen en compte com un sector econòmic més al qual cuidar; per no parlar del suport psicològic que els galeristes presten als seus artistes, la disponibilitat diària, matí, vesprada o nit, estiguen en plenes vacacions o no, les llargues i interminables converses al telèfon per a transmetre'ls bé ànim, bé consol, i les més de les vegades guia, orientació i consell.

Em costa imaginar que eixe suport, protecció i treball diari el puga realitzar la millor de les pàgines web que els artistes es puguen crear. Així com tampoc crec que la presència constant en les xarxes socials pot substituir la labor de persuasió, comunicació i relacions professionals i humanes que els galeristes van teixint.

Un urinari, o *Font*, com a obra d'art xoca, és evident. Ens plantegem si Duchamp tindria la rellevància que va aconseguir si marxants i galeristes com els nord-americans Stieglitz o Joseph Brummer, no hagueren començat a exhibir eixe art contemporani nou i «radical» provinent d'Europa, picassos, brancusis i altres avantguardes, que col·leccionistes com John Quinn –artífex que en 1909 el Congrés dels Estats Units abolira els aranzels sobre les obres modernes–, o el matrimoni Arensberg van adquirir amb fruïció. O, ja pròxims al nostre segle, què hauria sigut de Jasper Johns o Richard Serra sense Leo Castelli o Larry Gagosian.

Res més lluny del meu ànim que pretendre comparar aquells temps amb els actuals, ni el mercat de l'art de Nova York amb el valencià. *Mirades Obertes* no és una exposició de galeries, efectivament, perquè en tot moment hem vol-gut donar protagonisme a elles i a ells, les i els autors, artistes que s'han il·lusionat, col·laborat, han transitat per l'espai més d'una vegada i imbuït de l'esperit que transmeten estes sales Goerlich-Ferreres tan difícils alhora que meravelloses, han creat peces expressament per a esta col·lectiva i ho han fet, i li ho agraïm infinitament, per amor a l'art; han exposat els seus dubtes, confiat, i s'han bolcat en el muntatge en particular i amb el projecte en general. Però és evident que els protagonistes d'esta exposició deuen molt de la seua trajectòria als galeristes que els representen.

CATÁLOGO DE OBRA

CATÀLEG D'OBRA

ANDREA CANEPA
Galería Rosa Santos

La rebelión de los artefactos
de Andrea Canepa

En los imaginarios de las cosmogonías moche y japonesa, los objetos que toman el control sin permiso, asumiendo su capacidad de agencia, es decir, de actuar en el mundo, eran sinónimo de amenaza para el hombre. *La rebelión de los objetos*, relatada en una de las pinturas de un centro ceremonial de la cultura moche en el norte del Perú, así como en vasos de cerámica ceremoniales, cuenta cómo las herramientas se sublevaron en una noche de los tiempos, dejando su condición de esclavos para esclavizar, sometiendo a los humanos. Este periodo, bajo el mando de una deidad femenina lunar, acabó con una "vuelta al orden" impuesta por en dios masculino, solar y que muestra en el mural su plan en una cuadrícula geométrica.

Atravesar grandes cortinas trasparentes. En ellas, nuevos objetos fantasmas, en su abstracción, en su aparecer y desaparecer, en su velar y en su desvelar, invitan a nuestro cuerpo a bailar, a acariciar las formas de lo que fue una leyenda, para volverse tangibles ante nuestros ojos. Para devolver a los husos un uso perceptivo relacional, presentes como materia y e imagen.

Fragmentos del texto escrito por
Marta Ramos-Yzquierdo

La rebel·lió dels artefactes,
d'Andrea Canepa

En els imaginaris de les cosmogonies moche i japonesa, els objectes que prenen el control sense permís, assumint la seua capacitat d'agència, és a dir, d'actuar en el món, eren sinònim d'amenaça per al ser humà. *La rebel·lió dels objectes*, relatada en una de les pintures d'un centre cerimonial de la cultura moche en el nord del Perú, així com en gots de ceràmica cerimonials, compta com les ferramentes es van revoltar en una nit dels temps, deixant la seua condició d'esclaus per a esclavitzar, sotmetent els humans. Este període, sota el comandament d'una deïtat femenina lunar, va acabar amb una "volta a l'orde" imposada per en déu masculí, solar, i que mostra en el mural el seu pla en una quadrícula geomètrica.

Travessar grans cortines transparents. En elles, nous objectes fantasmes, en la seua abstracció, en el seu aparéixer i desaparéixer, en el seu vetlar i en el seu revetlar, conviden el nostre cos a ballar, a acariciar les formes del que va ser una llegenda, per a tornar-se tangibles davant dels nostres ulls. Per a retornar als fusos un ús perceptiu relacional, presents com a matèria i imatge.

Fragments del text escrit per
Marta Ramos-Yzquierdo

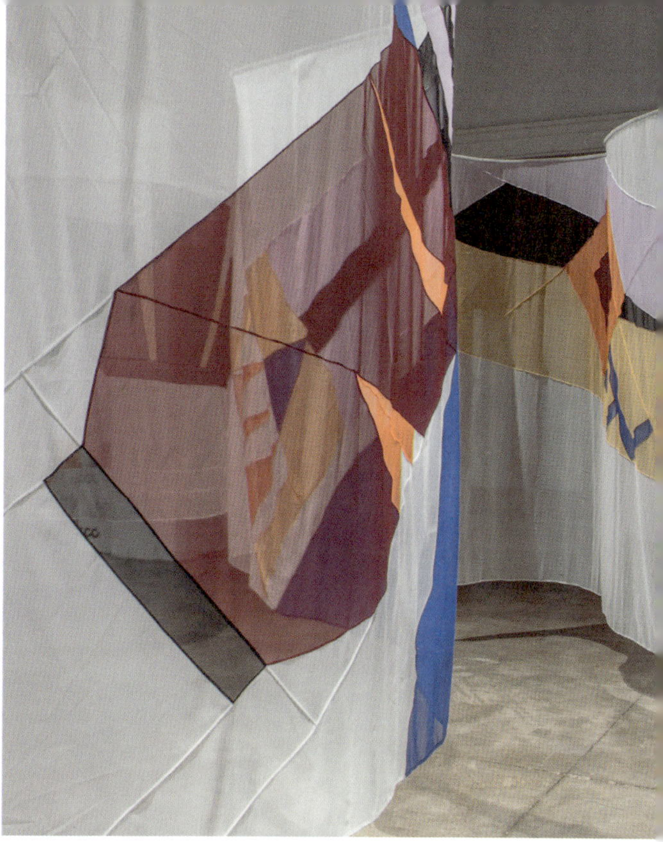

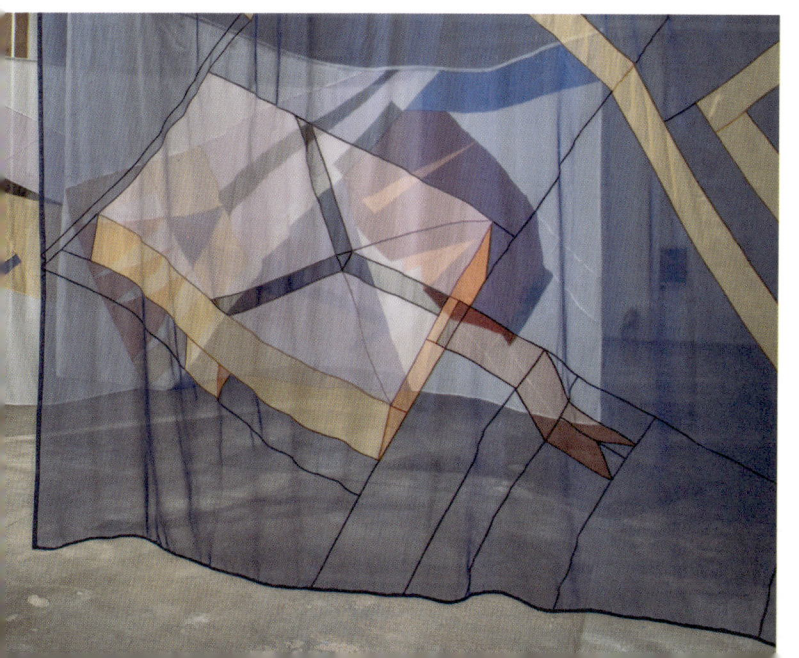

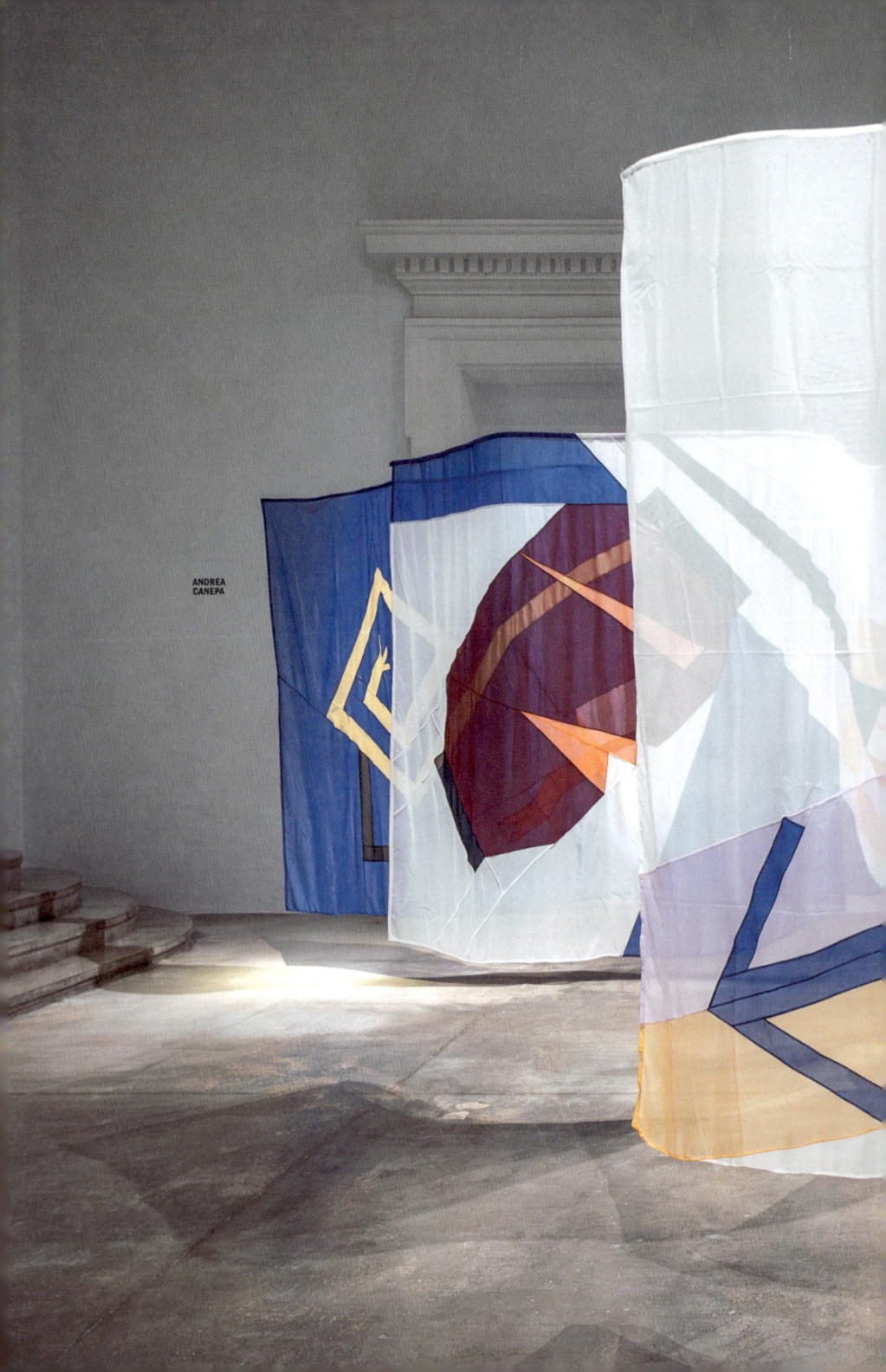

ANDREA
CANEPA

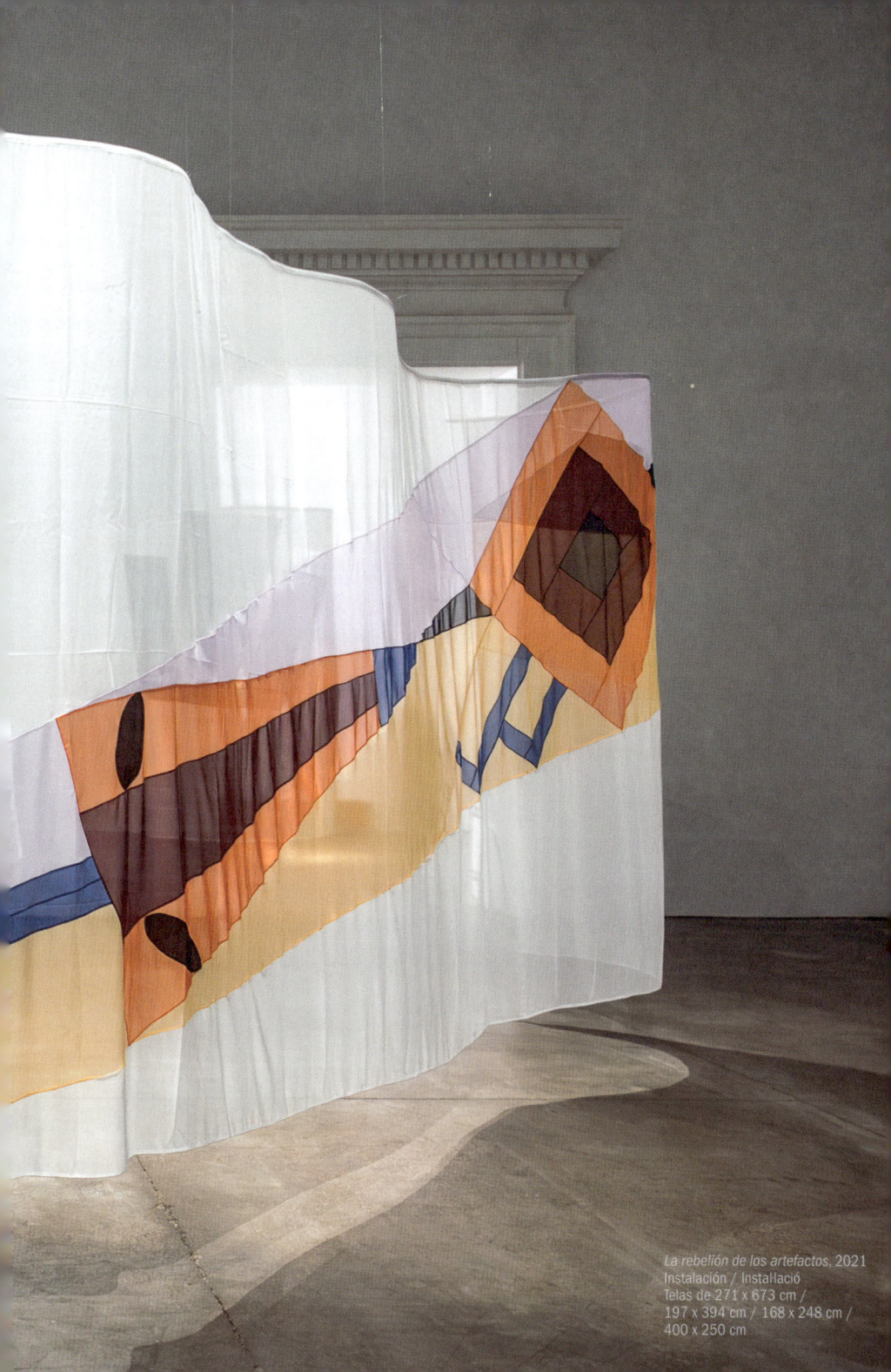

La rebelión de los artefactos, 2021
Instalación / Instal·lació
Telas de 271 x 673 cm /
197 x 394 cm / 168 x 248 cm /
400 x 250 cm

FÈLIX COLL

Galería Alba Cabrera

La serie *Green is Green*, de Fèlix Coll, nos invita a reconectar con la esencia de la infancia, donde la ingenuidad y la sutileza son protagonistas. Fèlix consigue transportarnos a un espacio onírico en el que la felicidad se encuentra en los momentos sencillos. Utiliza el contraste de técnicas, combinando óleo y acrílico, para capturar la textura y la luz del entorno natural, subrayando la importancia de la experiencia compartida y la conexión con la naturaleza. La representación del juego infantil logra evocar una sensación de nostalgia y anhelo por aquellos espacios ilusorios donde las preocupaciones contemporáneas no tienen cabida.

La obra *Green is Green* evoca recuerdos de la infancia y nos invita a reflexionar sobre cómo estos momentos en la naturaleza moldean nuestra identidad. La figura solitaria de la niña, inmersa en su propia aventura, simboliza un refugio de tranquilidad y autodescubrimiento, un contraste con la vida moderna. La obra de Fèlix Coll nos recuerda que, a pesar de las exigencias del día a día, siempre existe un rincón de serenidad al que podemos volver, un espacio donde la simplicidad y la pureza de la infancia aún reinan.

La sèrie *Green is Green*, de Fèlix Coll, ens convida a reconnectar amb l'essència de la infància, on la ingenuïtat i la subtilesa són protagonistes. Fèlix aconseguix transportar-nos a un espai oníric en el qual la felicitat es troba en els moments senzills. Utilitza el contrast de tècniques, combinant oli i acrílic, per a capturar la textura i la llum de l'entorn natural, subratllant la importància de l'experiència compartida i la connexió amb la naturalesa. La representació del joc infantil aconseguix evocar una sensació de nostàlgia i anhel per aquells espais il·lusoris on les preocupacions contemporànies no tenen cabuda.

L'obra *Green is Green* evoca records de la infància i ens convida a reflexionar sobre com estos moments en la naturalesa modelen la nostra identitat. La figura solitària de la xiqueta, immersa en la seua pròpia aventura, simbolitza un refugi de tranquil·litat i autodescobriment, un contrast amb la vida moderna. L'obra de Fèlix Coll ens recorda que, malgrat les exigències del dia a dia, sempre existix un racó de serenitat al qual podem tornar, un espai on la simplicitat i la puresa de la infància encara regnen.

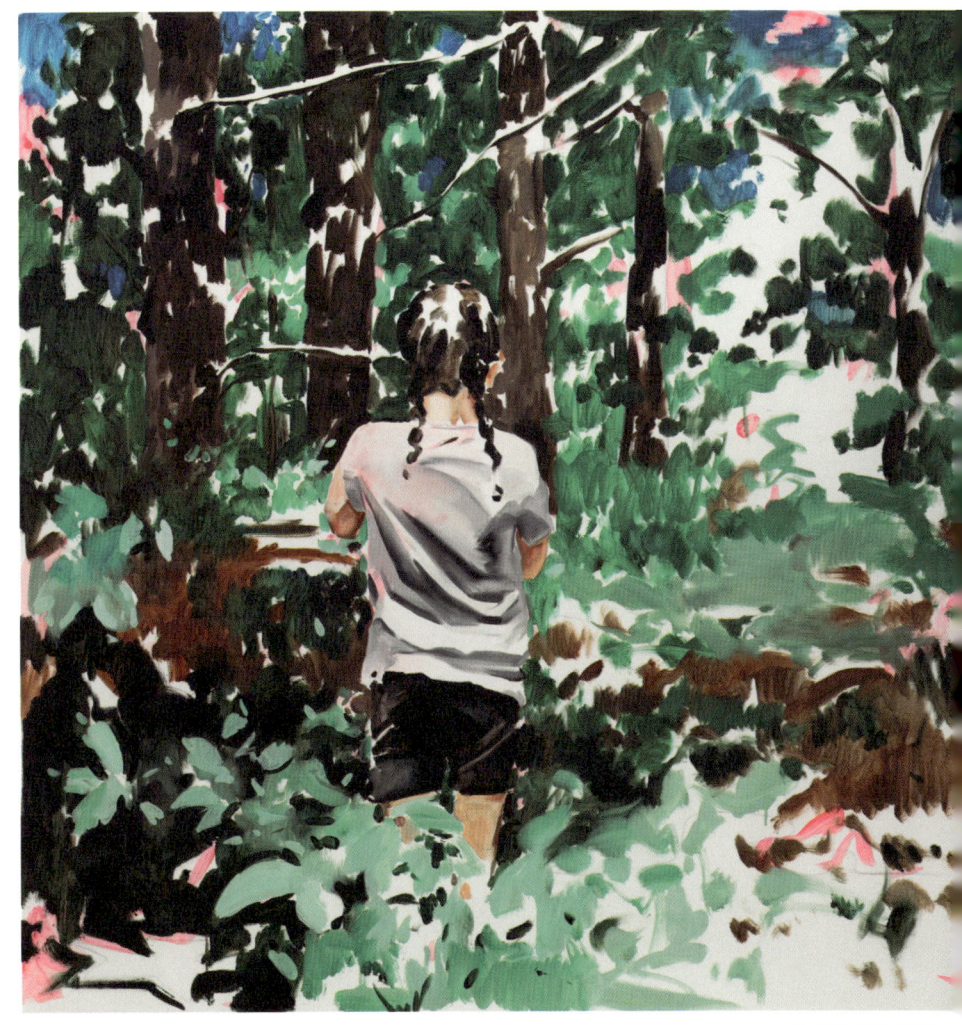

Green is green, 2023
Óleo sobre tela /
Oli sobre tela
150 x 150 cm

Green is green, 2023
Óleo sobre tela /
Oli sobre tela
130 x 186 cm

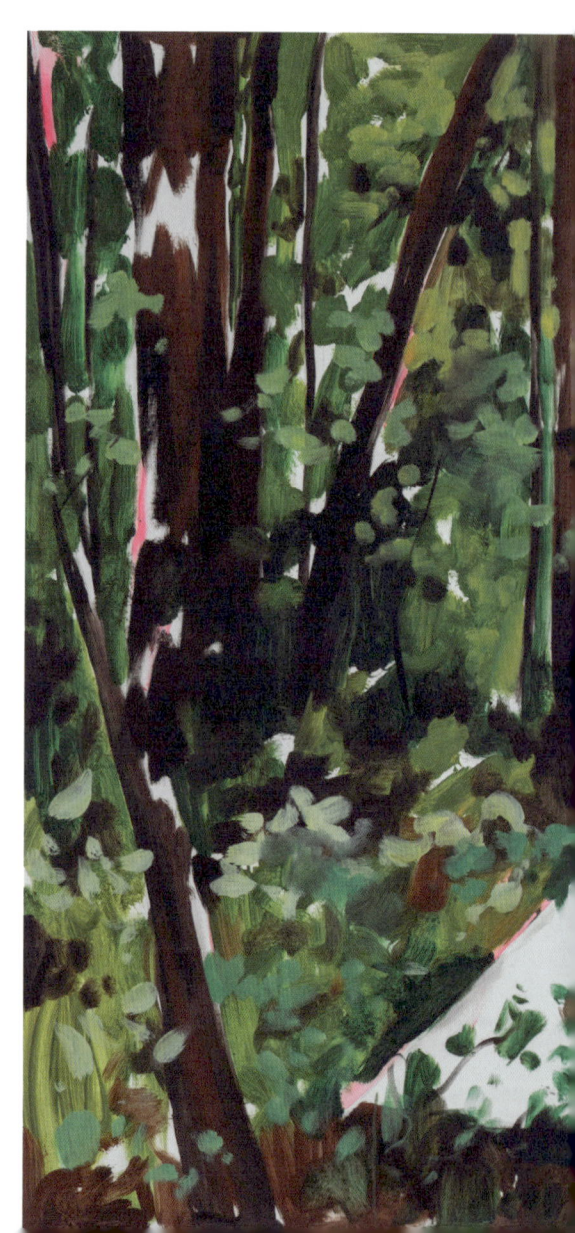

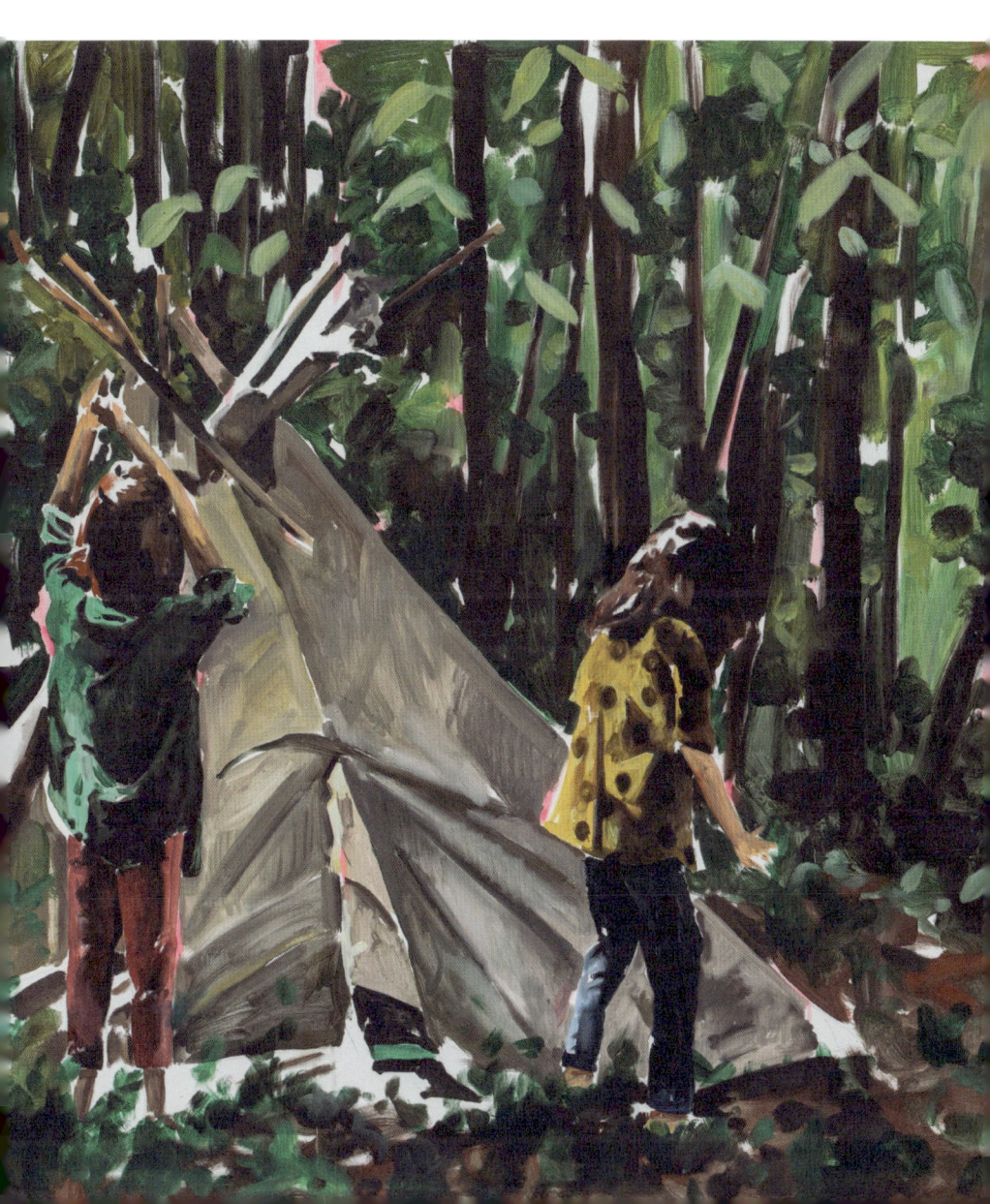

CAROLINA FERRER

Shiras Galería

Carolina Ferrer es una creadora de dilatada trayectoria cuya singularidad formal y temática, la diferencia y, al mismo tiempo, dificulta su adscripción a tendencias concretas. El mundo pictórico de C. Ferrer, de sugerente y enigmática concepción e impecable factura, es un lugar propio donde la autora ha encontrado siempre la manera de aunar sus preocupaciones estéticas con sus imperativos semánticos. Los espacios poéticos de Carolina Ferrer se mueven, sabiamente, en la equidistancia entre la intensidad plástica y la rotundidad semántica.

Son señas de identidad de la autora el tratamiento que hace del color –se sirve de rotundos colores fluorescentes y atmósferas casi monocromáticas para dotar de mayor expresividad y fuerza a sus imágenes– y de la luz –en su máximo contraste, con un claroscuro extremo, cuasi caravaggiesco–.

En la pintura de Carolina Ferrer hay ecos tanto de la fotografía como del cine y el teatro, pero también de la literatura y la filosofía. La autora trenza estas disciplinas para ir destilando su imaginario con su particular voz y su singular técnica a base de resinas sintéticas que conceden a sus obras un brillo especular.

Diversas líneas de reflexión recorren su trayectoria de C. Ferrer: el viaje, la mirada, lo cotidiano, lo autobiográfico, la memoria, los recuerdos, la poética del vacío [el silencio, la palabra]...

Carolina Ferrer és una creadora de dilatada trajectòria la singularitat formal i temàtica de la qual la diferencia i, al mateix temps, dificulta la seua adscripció a tendències concretes. El món pictòric de C. Ferrer, de suggeridora i enigmàtica concepció i impecable factura, és un lloc propi on l'autora ha trobat sempre la manera de conjuminar les seues preocupacions estètiques amb els seus imperatius semàntics. Els espais poètics de Carolina Ferrer es mouen, sàviament, en l'equidistància entre la intensitat plàstica i la rotunditat semàntica.

Són senyes d'identitat de l'autora el tractament que fa del color –se servix de rotunds colors fluorescents i atmosferes quasi monocromàtiques per a dotar de major expressivitat i força les seues imatges– i de la llum –en el seu màxim contrast, amb un clarobscur extrem, quasi caravaggiesc–.

En la pintura de Carolina Ferrer hi ha ressons tant de la fotografia com del cinema i el teatre, però també de la literatura i la filosofia. L'autora trena estes disciplines per a anar destil·lant el seu imaginari amb la seua particular veu i la seua singular tècnica a base de resines sintètiques que concedixen a les seues obres una brillantor especular.

Diverses línies de reflexió recorren la seua trajectòria de C. Ferrer: el viatge, la mirada, al quotidianitat, allò autobiogràfic, la memòria, els records, la poètica del buit [el silenci, la paraula]...

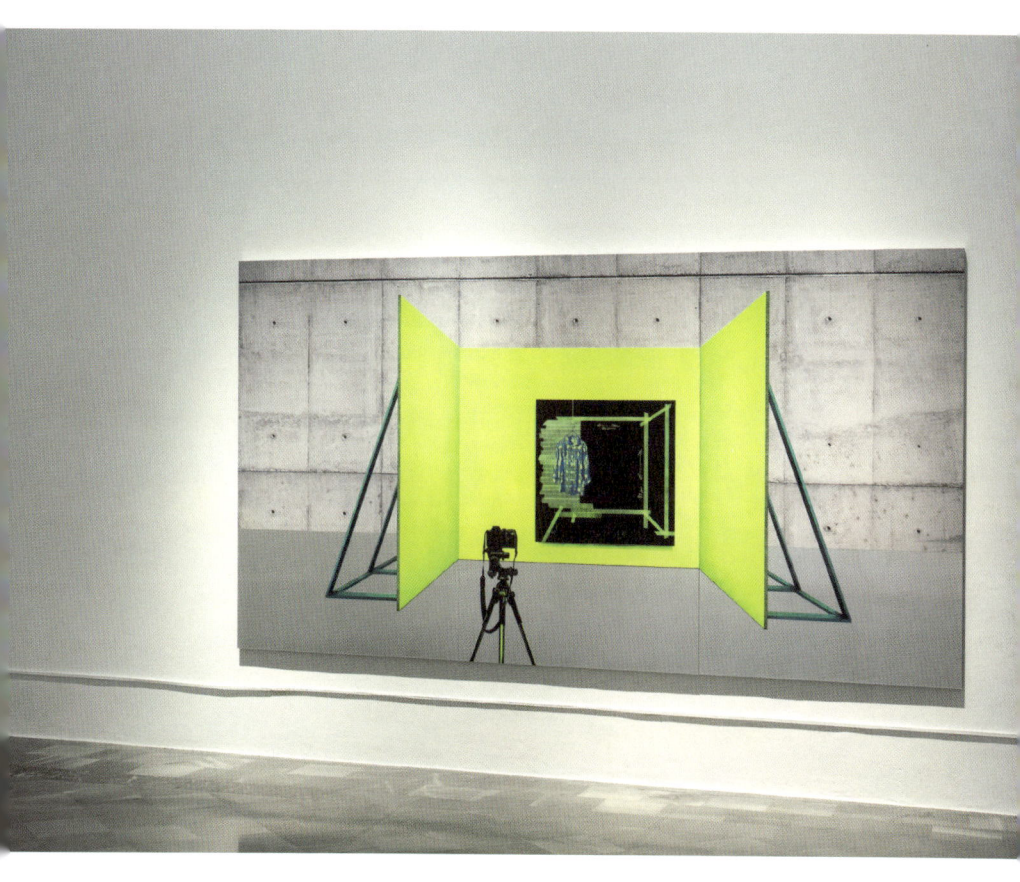

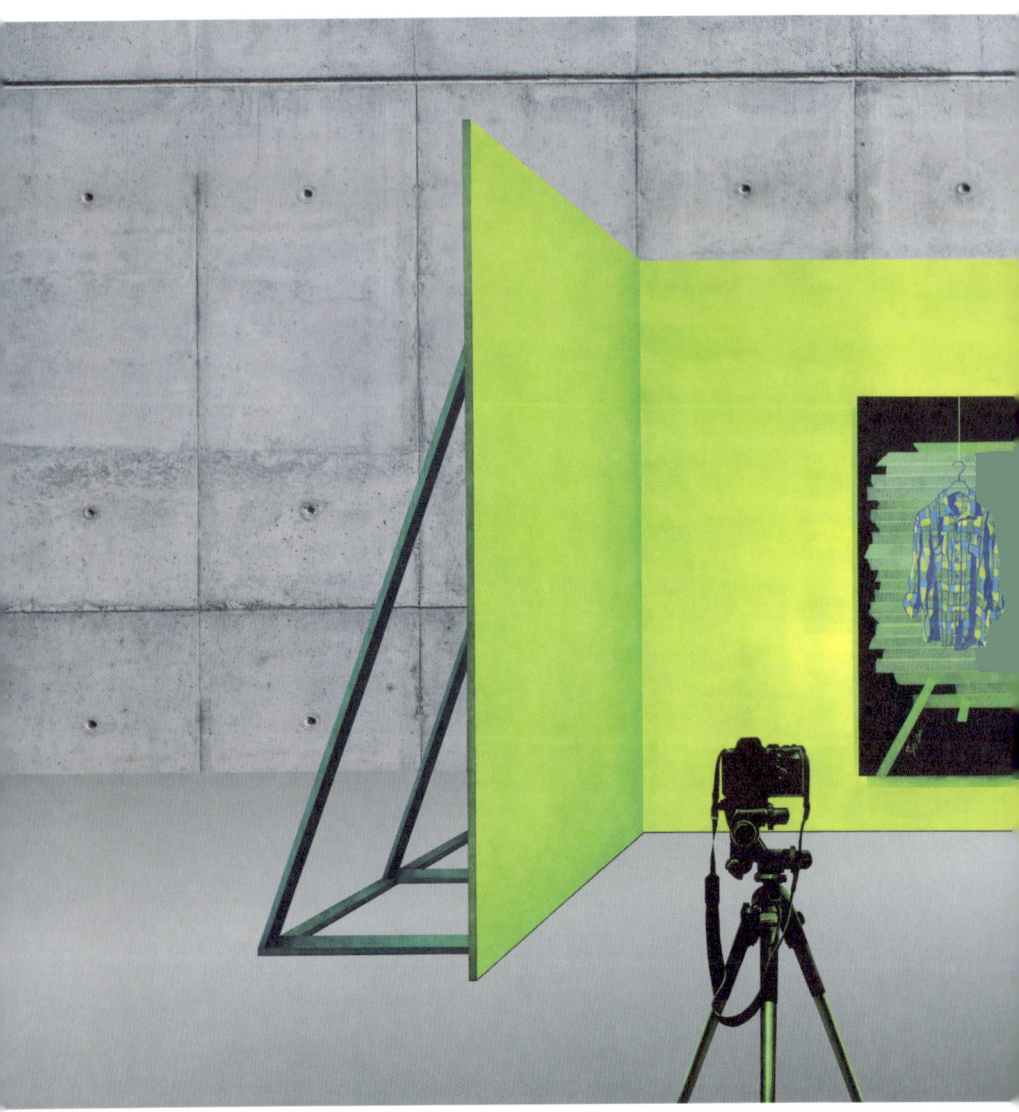

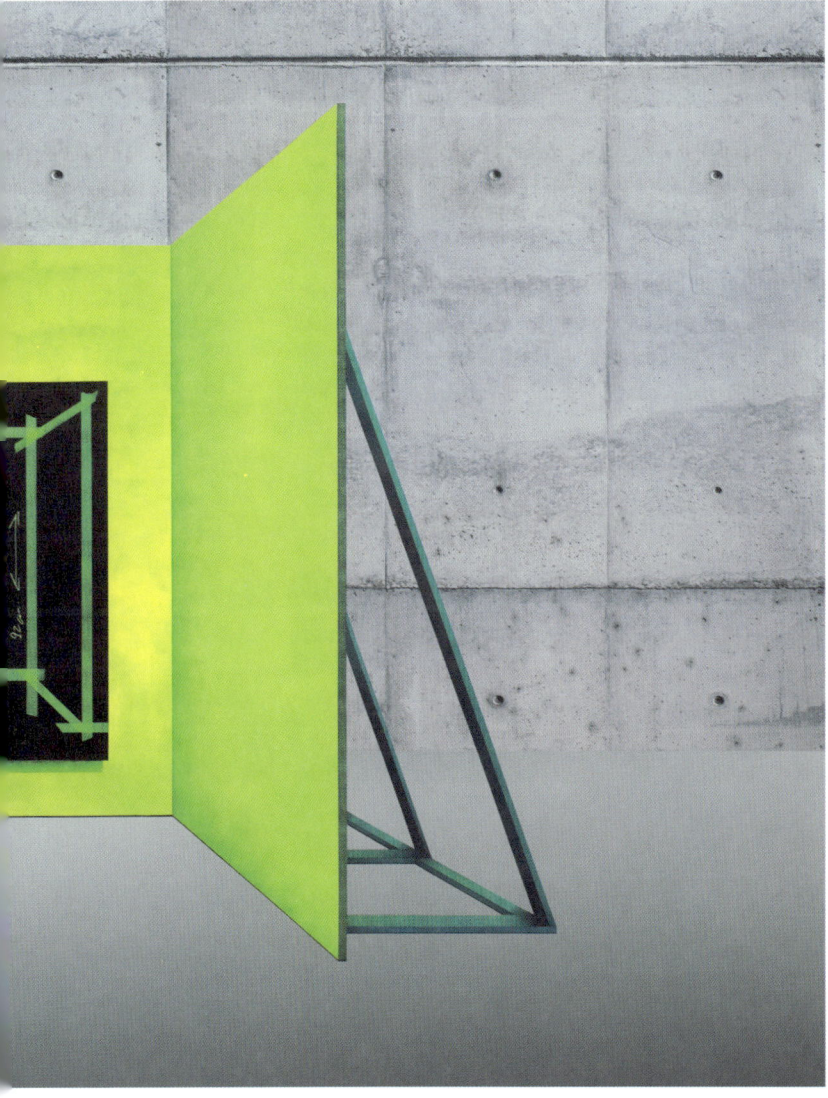

El hilo de los días III de la serie *La pintura sin domicilio. Habitar la paradoja,* 2024
Técnica mixta sobre aluminio. (Acrílico y resina Epoxi sobre aluminio) /
Tècnica mixta sobre alumini. (Acrílic i resina Epoxi sobre alumini)
200 x 375 cm

GIANFRANCO FOSCHINO

Galería Jorge López

ESPÍRITU SANTO #1

Loop. 2013

Este video registra el íntimo encuentro entre nubes del océano Atlántico y las altas cumbres del Parque Rural de Anaga, ubicado en la isla canaria de Tenerife. La mayor parte de los días del año, la cara norte del macizo de Anaga se sumerge en las nubes empujadas por los vientos alisios que viajan hacia las bajas presiones ecuatoriales; La velocidad del viento sumada a la densidad del agua permiten cambios paulatinos de la luz que penetra en el espacio, formando sutiles destellos de color que parecen ser parte de alguna revelación divina. En *Espíritu Santo #1* se puede percibir una espesa niebla que atraviesa el camino que lleva a uno de los puntos de biodiversidad más ricos de Europa. Este tipo de lugares guardan consigo una energía proveniente del origen del todo, ese todo anterior a nosotros y que se hace presente, precisamente, en aquellos momentos en que nadie está.

Carolina Castro Jorquera

ESPERIT SANT #1

Loop. 2013

Este vídeo registra l'íntima trobada entre núvols de l'oceà Atlàntic i els alts cims del Parc Rural d'Anaga, situat a l'illa canària de Tenerife. La major part dels dies de l'any, la cara nord del massís d'Anaga se submergix en els núvols espentats pels vents alisis que viatgen cap a las baixes pressions equatorials. La velocitat del vent sumada a la densitat de l'aigua permeten canvis graduals de la llum que penetra en l'espai, formant subtils centellejos de color que semblen ser part d'alguna revelació divina. En *Esperit Sant #1* es pot percebre una espessa boira que travessa el camí que porta a un dels punts de biodiversitat més rics d'Europa. Este tipus de llocs guarden una energia provinent de l'origen del tot, eixe tot anterior a nosaltres i que es fa present, precisament, en aquells moments en què ningú està.

Carolina Castro Jorquera

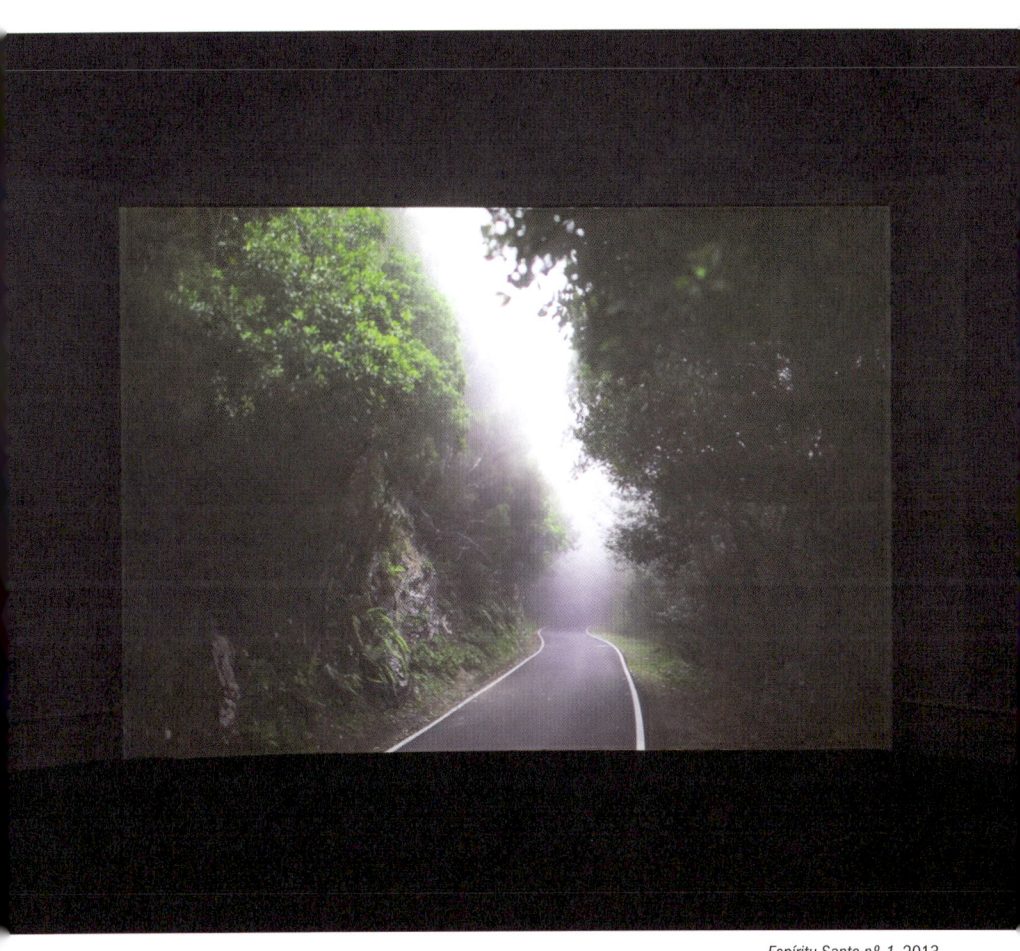

Espíritu Santo nº 1, 2013
Vídeo-proyección / Vídeo-projecció

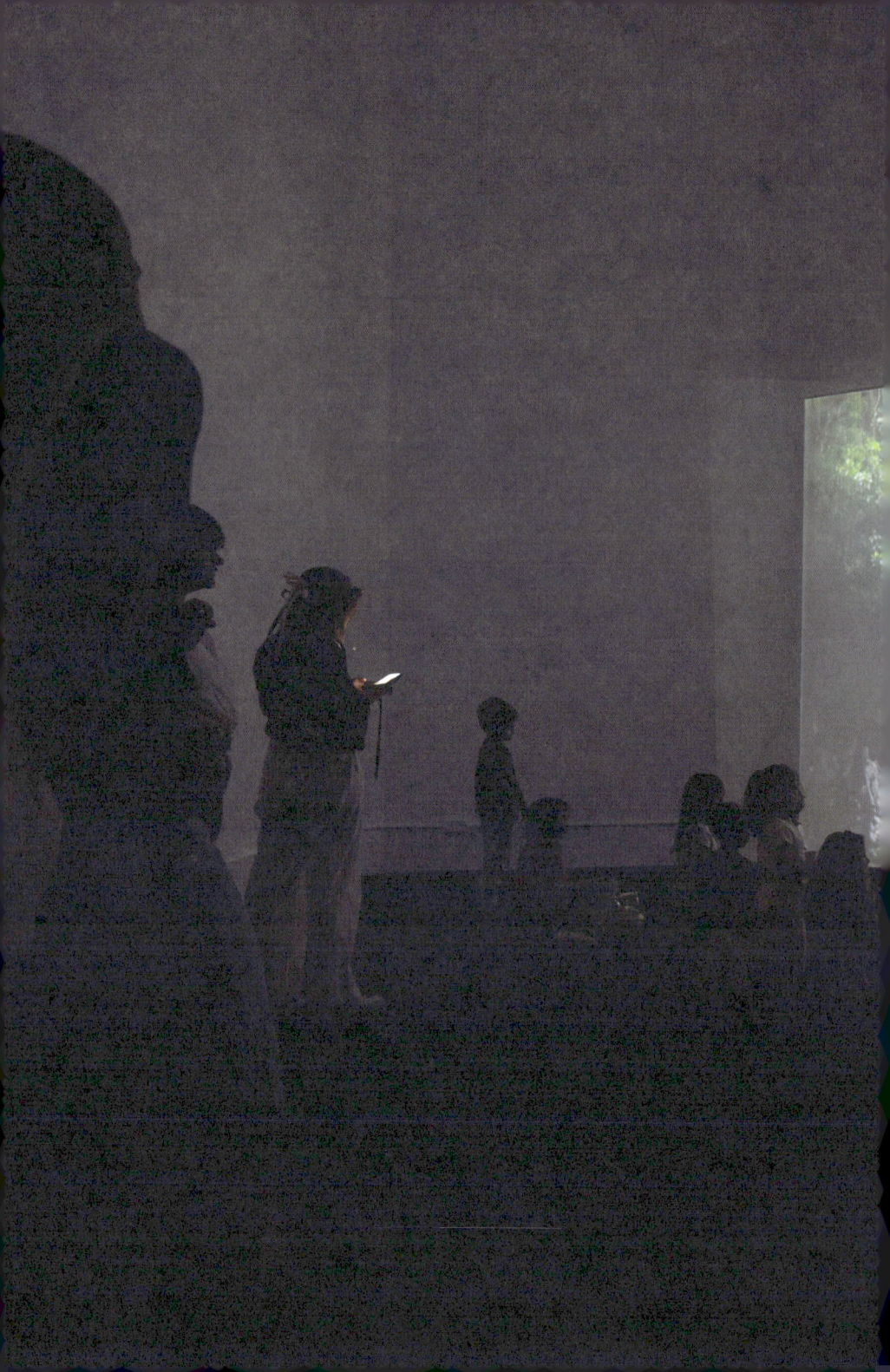

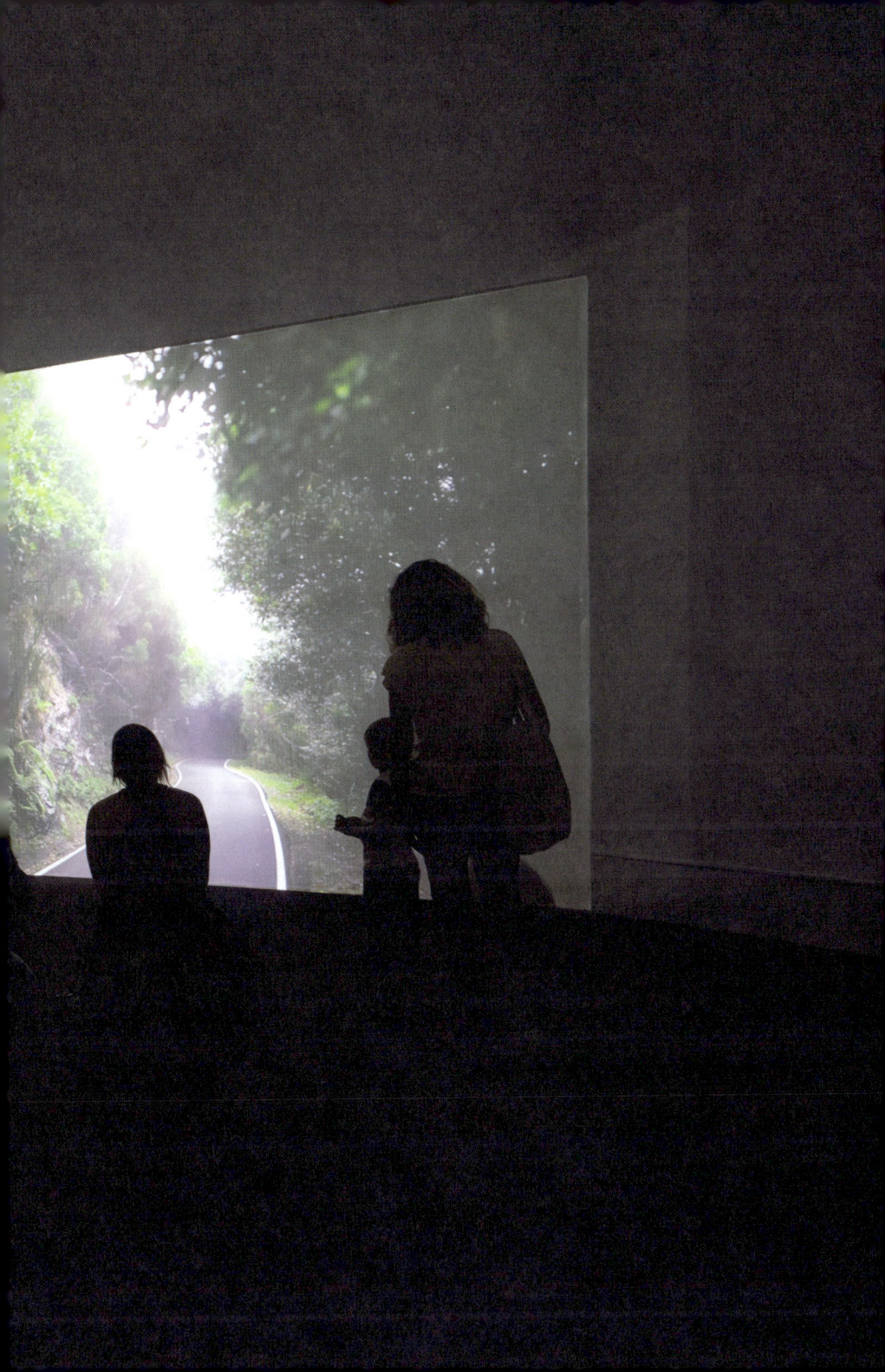

FUENTESAL ARENILLAS

Galería Luis Adelantado

Julia Fuentesal (Huelva, 1986) y Pablo M. Arenillas (Cádiz, 1989), exploran en su obra la dimensión lúdica de la práctica artística como una producción de signos. En este sentido, en sus piezas se entrecruzan aspectos autobiográficos con recursos formales como la figura doble y la repetición, incluyendo el azar como componente esencial de lo que está en juego.

Sus piezas funcionan como herramientas que les permiten experimentar diversos modos de habitar el cuerpo, volviéndose un manifiesto de su forma de vivir y de pensar, expresadas en formas orgánicas que cobran vida a través de la transformación de materiales pobres, que rescatan de oficios ligados a su origen. A su vez, su obra, se extiende más allá de la corporeidad, para despojarse de la carga vinculada a la noción de patrimonio histórico, volviéndose sus piezas, instrumentos capaces de contar historias de manera itinerante, gracias a su carácter leve, desplegable y portable. Aunque, llevando siempre consigo la inconfundible herencia de la escultura andaluza.

Julia Fuentesal i Pablo M. Arenillas (Huelva, 1986, i Cadis, 1989), exploren en la seua obra la dimensió lúdica de la pràctica artística com una producció de signes. En este sentit, en les seues peces s'entrecreuen aspectes autobiogràfics amb recursos formals com la figura doble i la repetició, incloent-hi l'atzar com a component essencial del que està en joc.

Les seues peces funcionen com a ferramentes que els permeten experimentar diverses formes d'habitar el cos, que esdevenen un manifest de la seua manera de viure i de pensar, expressades en formes orgàniques que cobren vida a través de la transformació de materials pobres, que rescaten d'oficis lligats al seu origen. Al seu torn, la seua obra s'estén més enllà de la corporeïtat, per a despullar-se de la càrrega vinculada a la noció de patrimoni històric, en què les seues peces esdevenen instruments capaços de contar històries de manera itinerant, gràcies al seu caràcter lleu, desplegable i portable. Encara que portant-hi sempre la inconfusible herència de l'escultura andalusa.

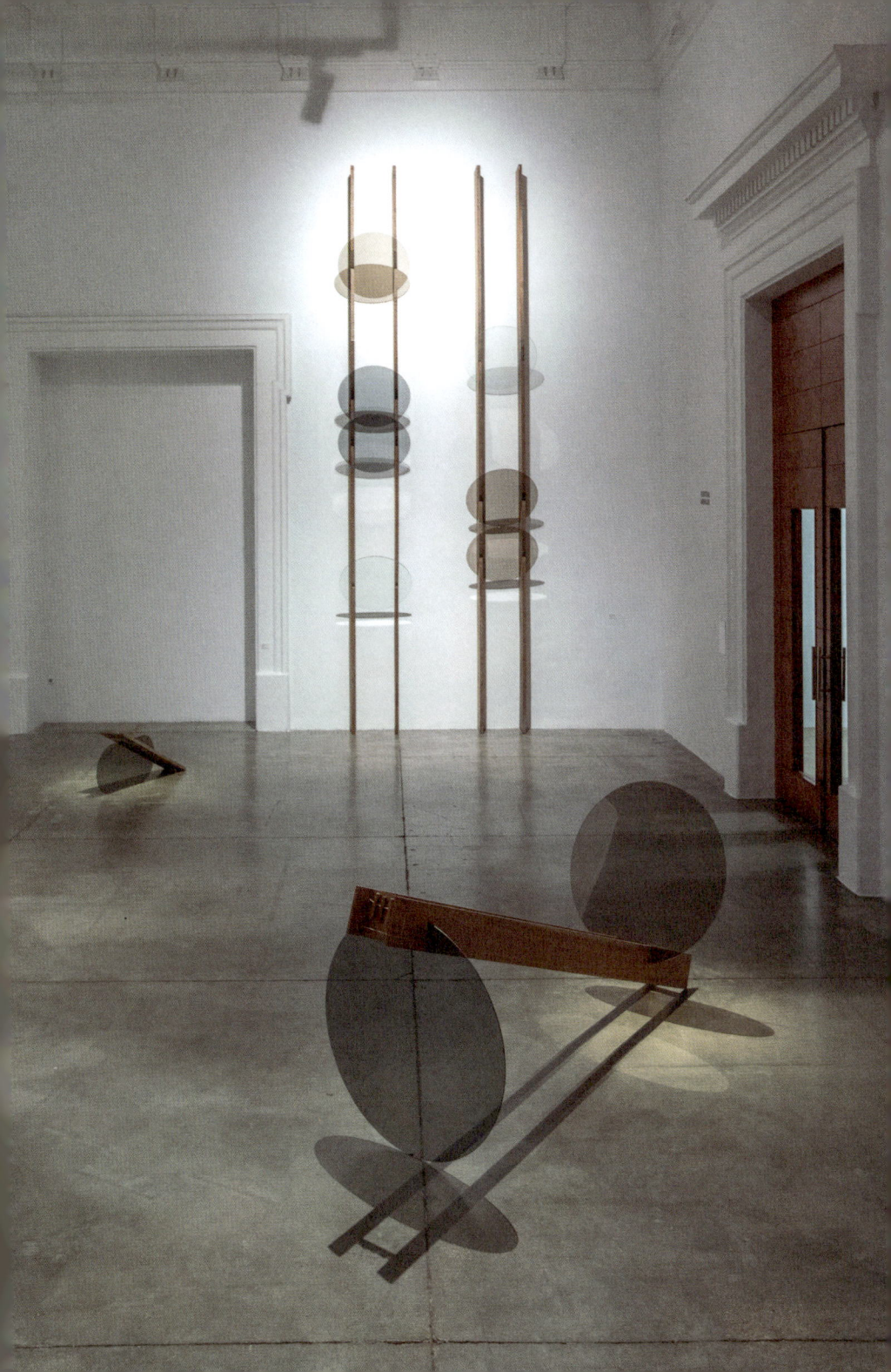

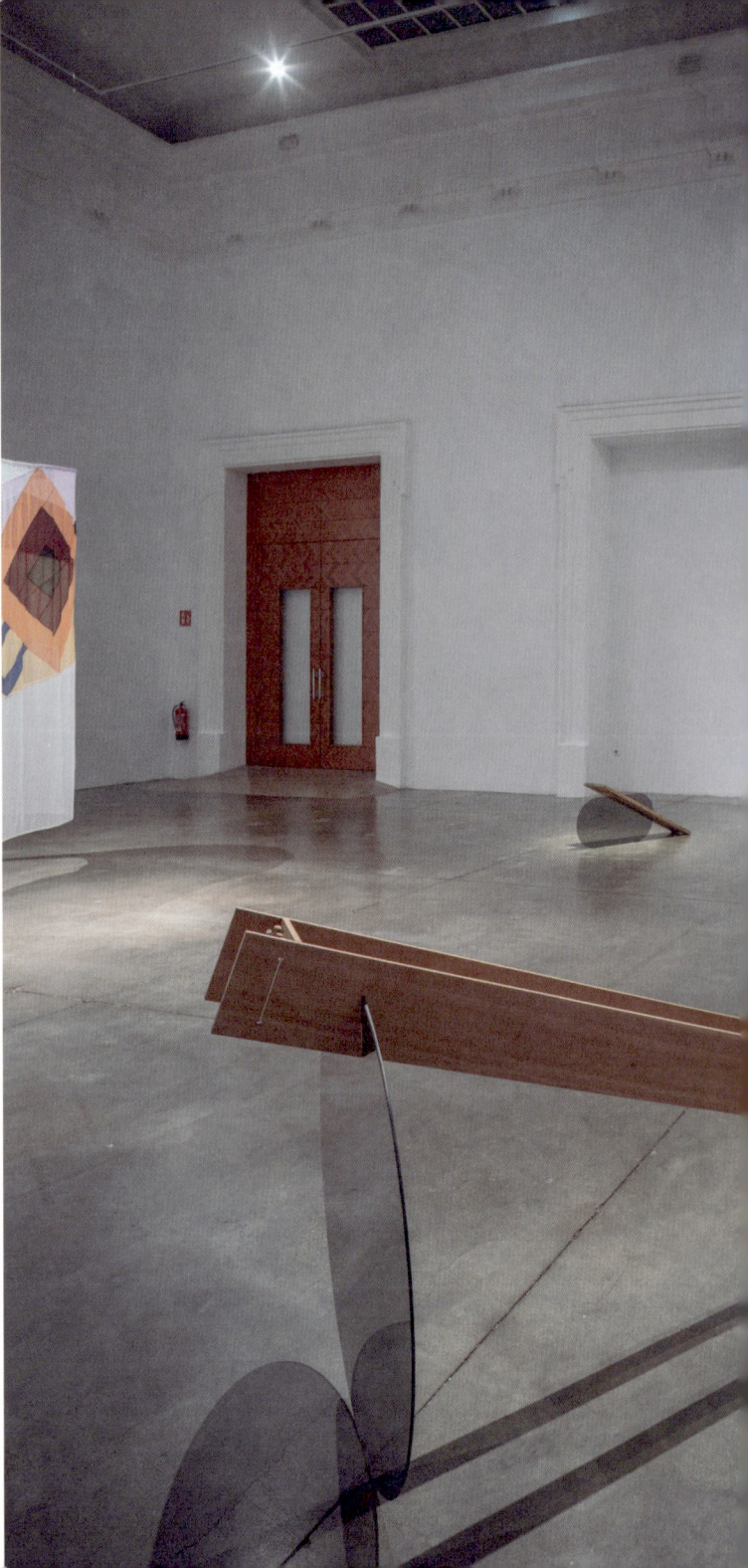

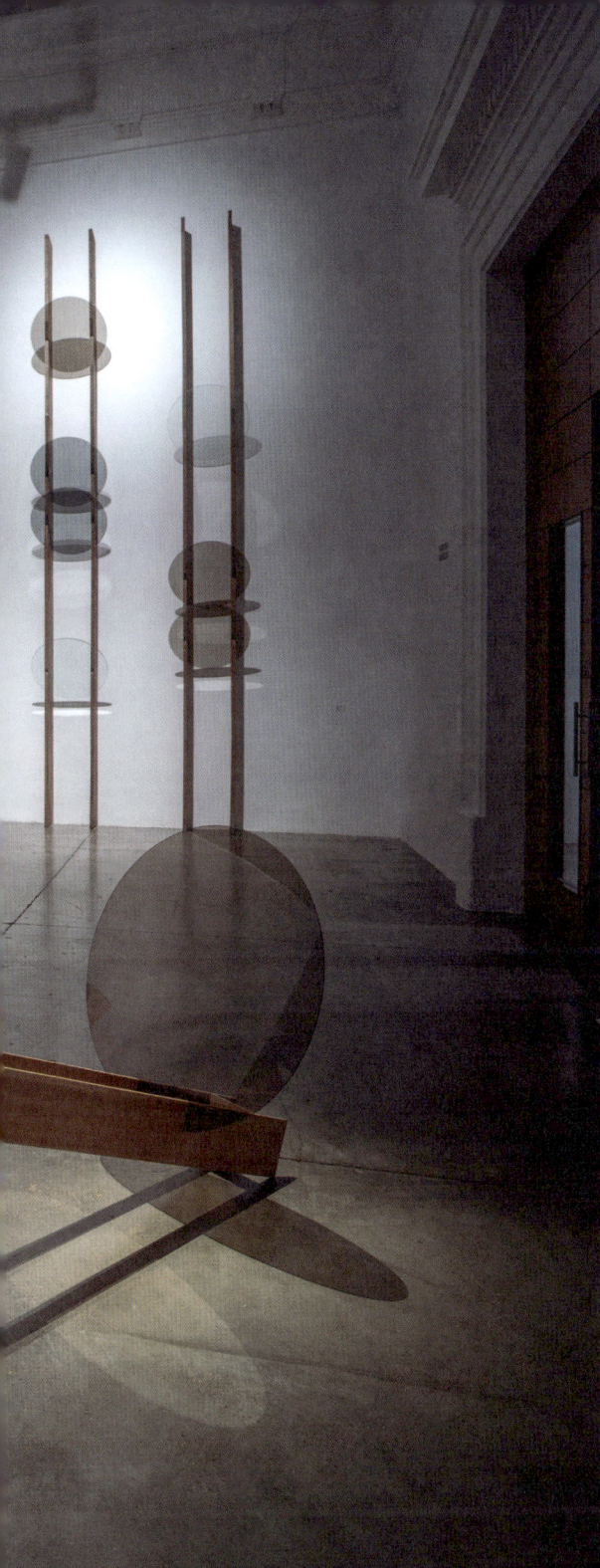

La vista de los dedos, 2023
Madera y cristal /
Fusta i cristall
600 x 260 x 80 cm

La mesa es el suelo
de las manos, 2021
Madera y cristal /
Fusta i cristall
80 x 30 x 110 cm

MARTA F. GIMENO
Cànem Galeria

Món Fort es un proyecto de imagen y texto que explora las limitaciones de un paradigma actual, en un contexto de capitalismo tardío, de una manera intimista y poética. Montajes digitales y textos narrativos conforman este relato minúsculo que hace referencia al cuerpo y los espacios que habitamos, donde el jardín público se revela como un refugio; un espacio primordial en el que acontece el escenario idóneo para hacer un repaso de todo aquello que nos sustenta, a pesar de las fisuras de nuestra cultura.

Marta F. Gimeno (Betxí, 1993) desarrolla sus proyectos artísticos alrededor de conceptos como la memoria y el territorio a través de la imagen y otros elementos visuales, plásticos o textuales. Ha participado en exposiciones en espacios como el Centro de Carme Cultura Contemporánea (CCCC), Galería Cànem, Menador Espacio Cultural, CCMC, SCAN PhotoBooks, Octubre Centro de Cultura Contemporánea, Las Naves, Fundación La Posta, Recreo, Galería Skala de Polonia, The Folio Club...

Món Fort és un projecte d'imatge i text que explora les limitacions d'un paradigma actual, en un context de capitalisme tardà, d'una manera intimista i poètica. Muntatges digitals i textos narratius conformen aquest relat minúscul que fa referència al cos i als espais que hi habitem, on el jardí públic es revela com un refugi; un espai primordial que esdevé l'escenari idoni per fer un repàs de tot allò que ens sustenta, malgrat les fissures de la nostra cultura.

Marta F. Gimeno (Betxí, 1993) desenvolupa els seus projectes artístics al voltant de conceptes com la memòria i el territori a través de la imatge i altres elements visuals, plàstics o textuals. Ha participat en exposicions a espais com el Centre del Carme Cultura Contemporània (CCCC), Galeria Cànem, Menador Espai Cultural, CCMC, SCAN PhotoBooks, Octubre Centre de Cultura Contemporània, Las Naves, Fundació La Posta, Recreo, Galería Skala de Polonia, The Folio Club...

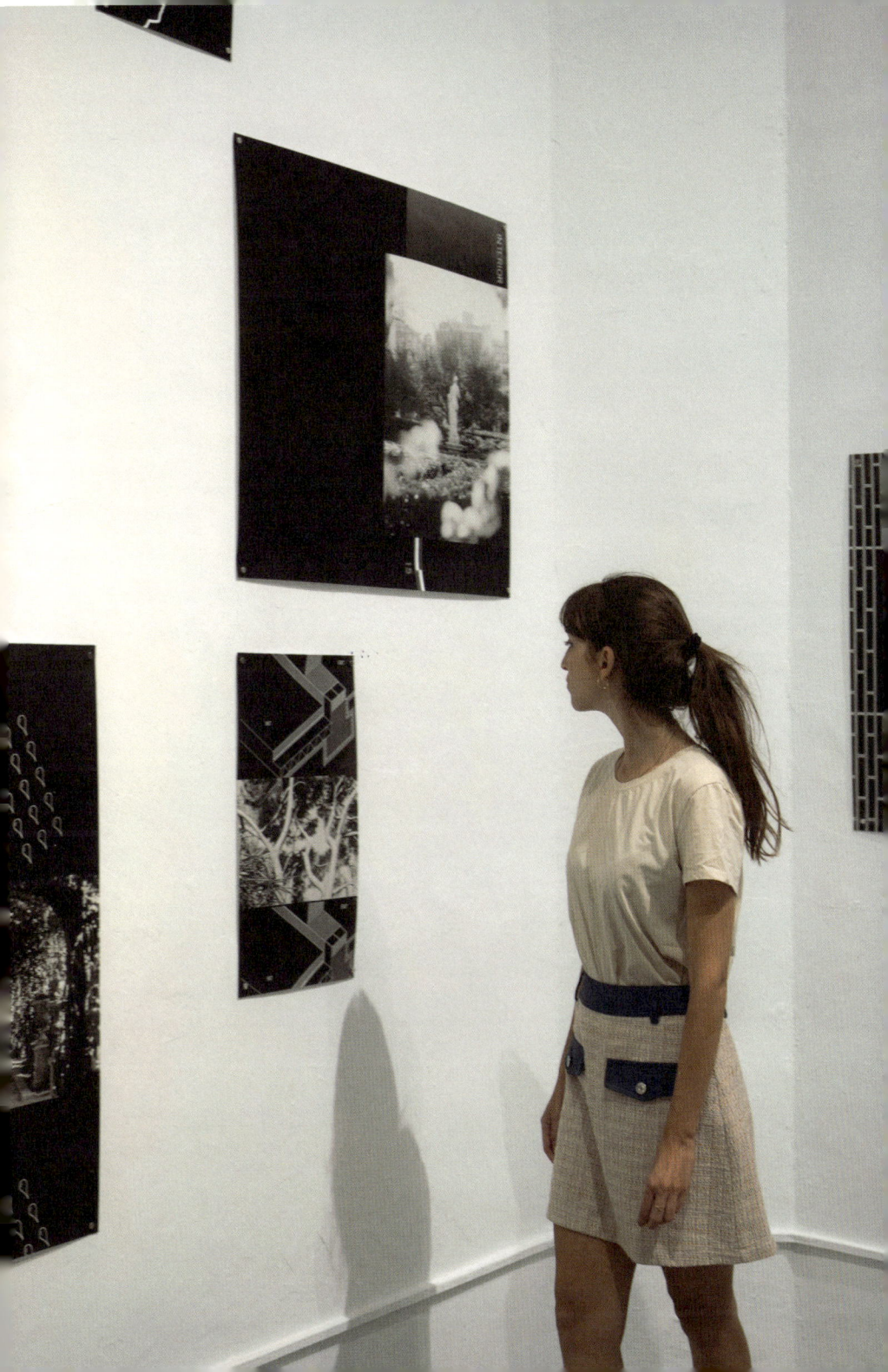

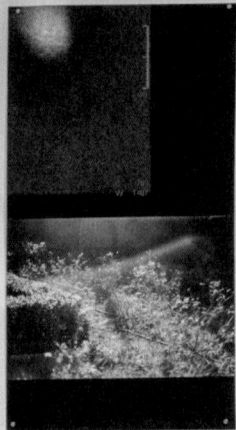

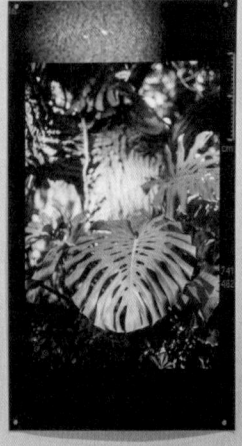

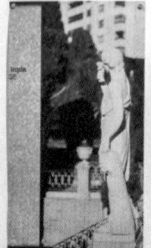

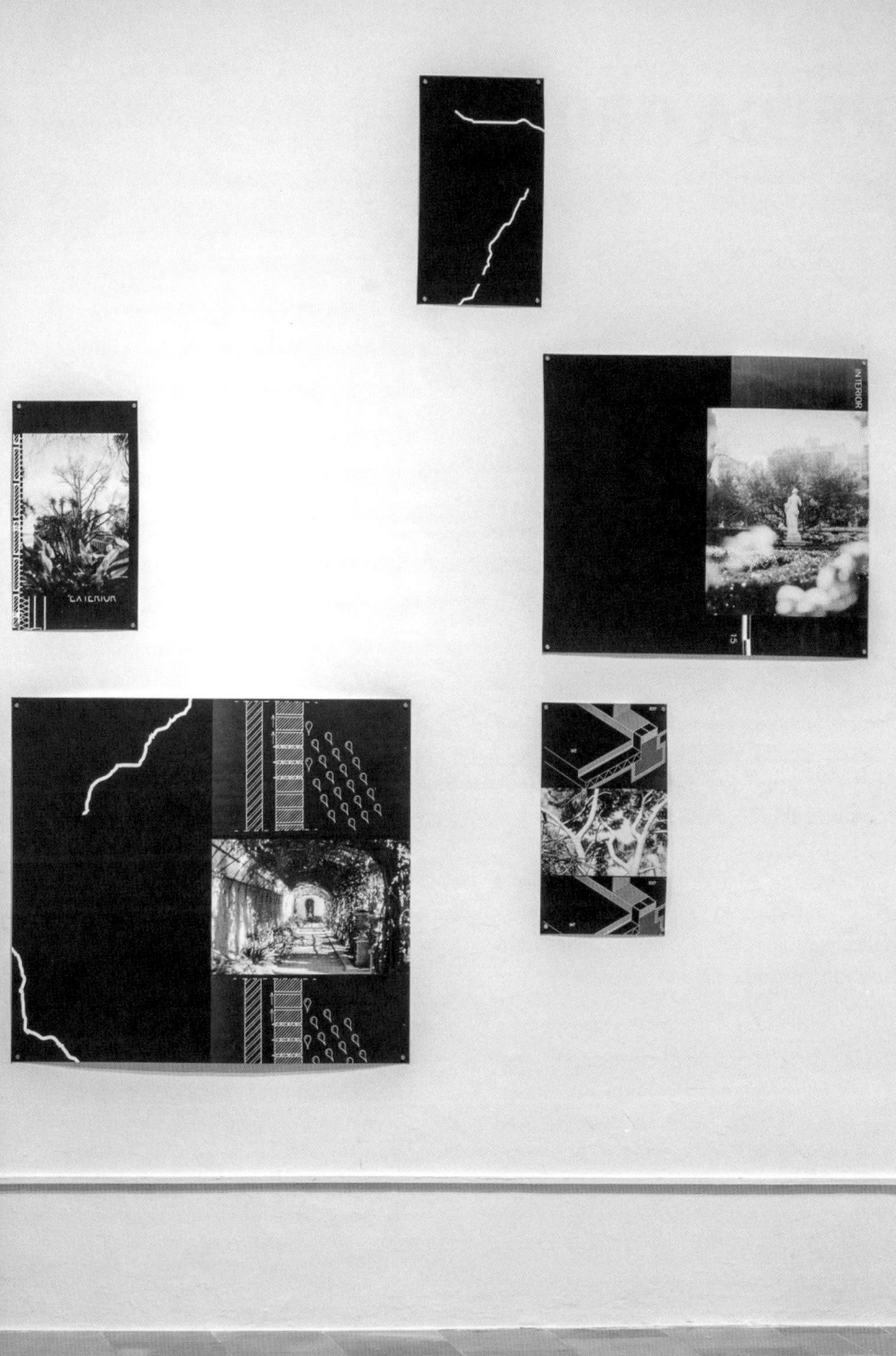

HELGA GROLLO

Isabel Bilbao Galería

"Lo que impulsa mi trabajo es la búsqueda de un lenguaje que fluye en el proceso, donde cada paso trae consigo la sorpresa y el deleite, tanto para mí como para el espectador. En este estado de libertad creativa, los tejidos antiguos y usados se vuelven protagonistas. Hay en esta elección un impulso romántico, pero también un desafío: elevar lo descartado y descubrir el potencial artístico en la imperfección.

Los tejidos se preparan y colocan sobre un lienzo formando capas que revelan referencias aparentemente constructivas. Busco que esa profundidad invite a la reflexión, no solo sobre lo visible, sino sobre lo que yace oculto entre las tramas y los pliegues. Cada textura genera profundidad, e invita a explorar sobre lo tangible y lo abstracto, cuestionando nuestra relación con los objetos y la memoria, en una reflexión sobre el valor de lo efímero.

A través de esta transformación, mi obra rescata lo olvidado, evocando emociones, recuerdos o paisajes de otro tiempo. Y en ese proceso, el concepto de laberinto cobra vida: un espacio donde perderse es el verdadero viaje. Allí, en la desorientación, es donde la obra alcanza su plenitud, porque en la pérdida encontramos nuevas formas de ver y sentir."

"El que impulsa el meu treball és la busca d'un llenguatge que fluïx en el procés, on cada pas porta amb si la sorpresa i el delit, tant per a mi com per a l'espectador. En este estat de llibertat creativa, els teixits antics i usats es tornen protagonistes. Hi ha en esta elecció un impuls romàntic, però també un desafiament: elevar el descartat i descobrir el potencial artístic en la imperfecció.

Els teixits es preparen i col·loquen sobre un llenç formant capes que revelen referències aparentment constructives. Busque que eixa profunditat convide a la reflexió, no sols sobre el visible, sinó sobre el que jau ocult entre les trames i els plecs. Cada textura genera profunditat, i convida a explorar sobre el tangible i l'abstracte, qüestionant la nostra relació amb els objectes i la memòria, en una reflexió sobre el valor de l'efímer.

A través d'esta transformació, la meua obra rescata l'oblidat, evocant emocions, records o paisatges d'un altre temps. I en eixe procés, el concepte de laberint cobra vida: un espai on perdre's és el veritable viatge. Allí, en la desorientació, és on l'obra aconseguix la seua plenitud, perquè en la pèrdua trobem noves maneres de veure i sentir."

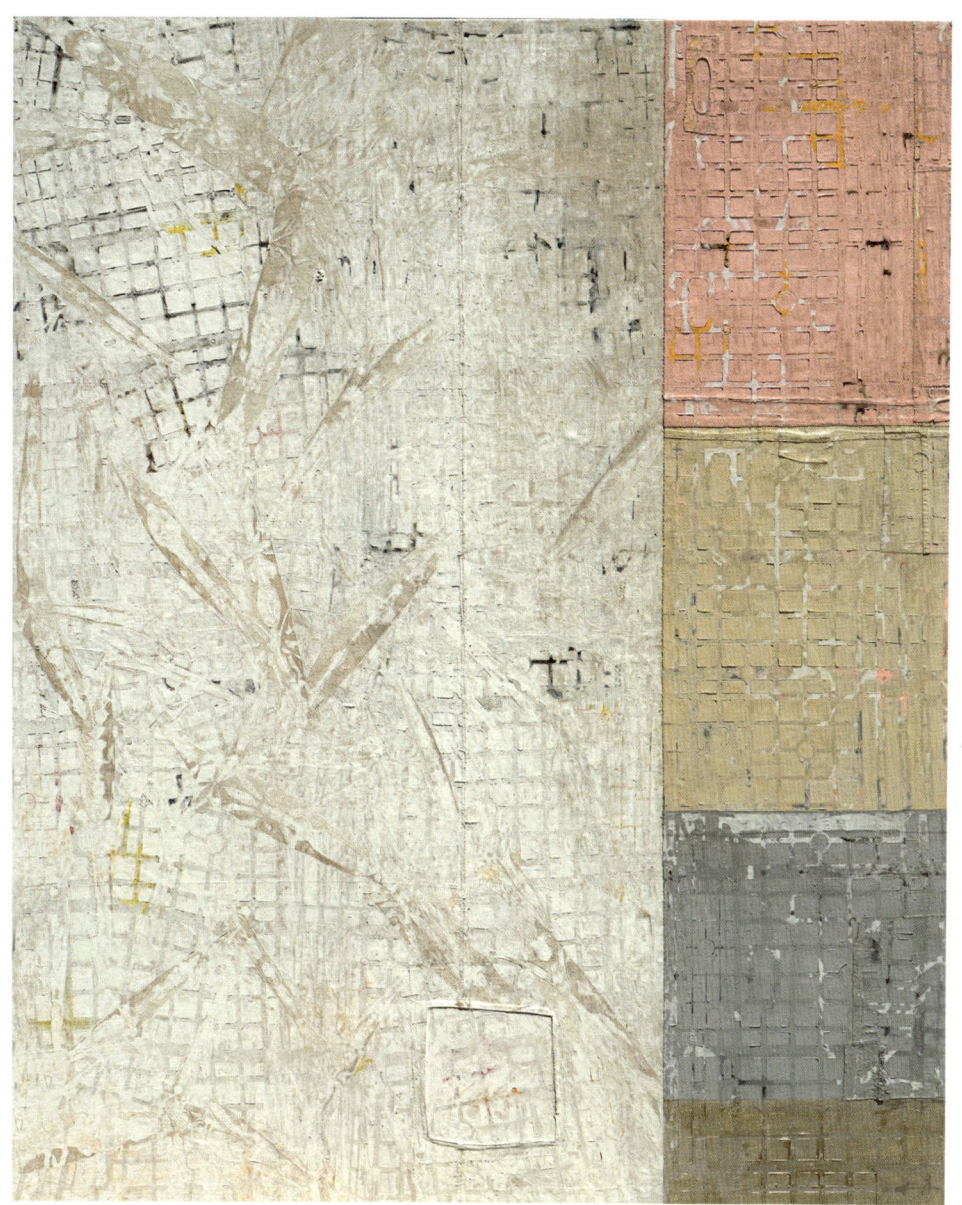

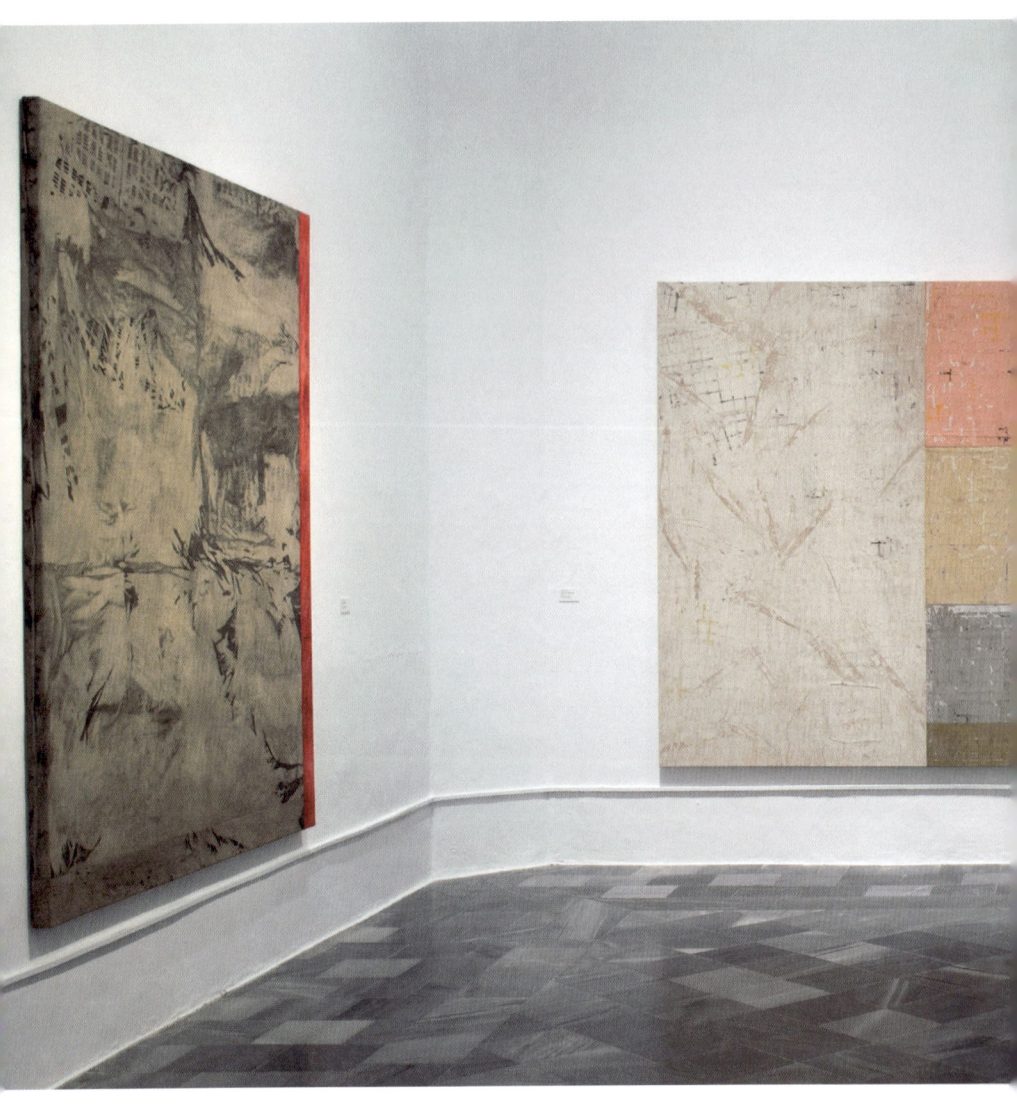

Al sur del cielo, 2021
Acrílico sobre lienzo /
Acrílic sobre llenç
220 x 180 cm

Fronteras, 2024
Acrílico sobre lienzo /
Acrílic sobre llenç
220 x 180 cm

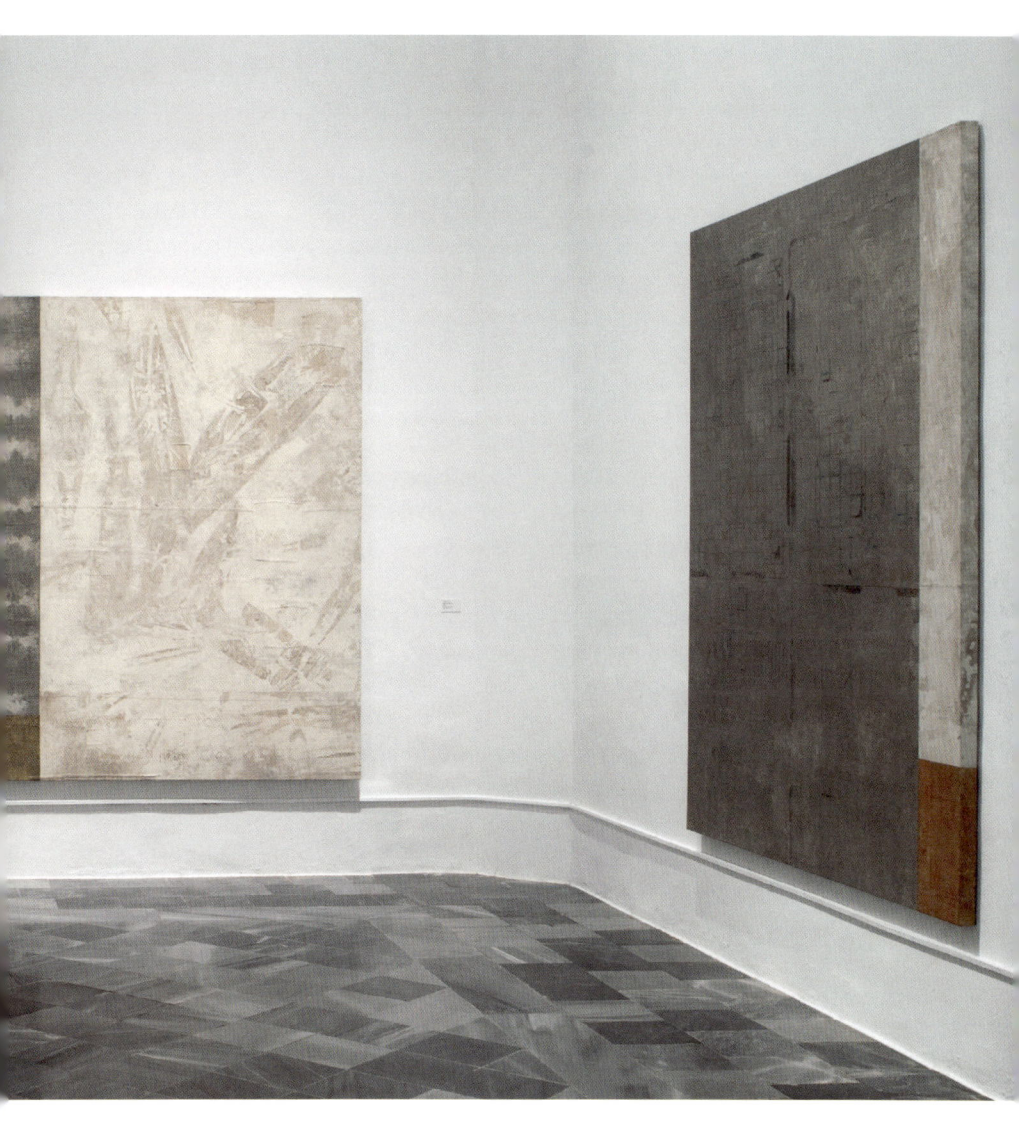

año de bosque, 2022
Acrílico sobre lienzo /
Acrílic sobre llenç
20 x 180 cm

La danza del laberinto, 2023
Acrílico sobre lienzo /
Acrílic sobre llenç
220 x 180 cm

INFANTE GUERRERO & GUERRERO INFANTE

Casa Bancal

La Esfinge es el primer proyecto conjunto de los artistas Eduardo Infante (Gerona, 1973) y Susana Guerrero (Elche, 1972) que bajo el nombre de INFANTE GUERRERO & GUERRERO INFANTE activan un deseo común que compartían desde hacía años. Ambos se admiran profesional y personalmente. En sus obras encontramos muchos puntos en común, los dos trabajan más con lo qué no se ve, con lo mágico, con lo erótico y lo esotérico.

La paradoja de La Esfinge que presentamos es que desconocemos todo sobre ella, es un trabajo alrededor del misterio, acerca de lo que duerme enterrado y es inasible. Es este un proyecto que se encuentra en una fase temprana de representación e indagación, presentamos, como si de un descubrimiento arqueológico se tratara, el primer conjunto de piezas de un hipotético yacimiento recién descubierto. A través del dibujo se adivinará cómo se va perfilando este enigma que atravesará su condición presente de pura potencialidad. Es, pues, la exposición de una incógnita, pero con todos los elementos posibles para inflamar la imaginación

La Esfinge és el primer projecte conjunt dels artistes Eduardo Infante (Girona, 1973) i Susana Guerrero (Elx, 1972), que amb el nom d'INFANTE GUERRERO & GUERRERO INFANTE activen un desig comú que compartien des de feia anys. Els dos s'admiren professionalment i personalment. En les seues obres trobem molts punts en comú; els dos treballen més amb el que no es veu, amb el món màgic, amb allò que és eròtic i esotèric.

La paradoxa de *La Esfinge* que presentem és que ho desconeixem tot sobre esta obra; és un treball al voltant del misteri, sobre el que dorm enterrat i que no es pot agafar. És este un projecte que es troba en una fase primerenca de representació i indagació; presentem, com si d'un descobriment arqueològic es tractara, el primer conjunt de peces d'un hipotètic jaciment que s'acaba de descobrir. A través del dibuix s'endevinarà com es va perfilant este enigma que travessarà la seua condició present de pura potencialitat. És, doncs, l'exposició d'una incògnita, però amb tots els elements possibles per a inflamar la imaginació.

Susana Guerrero
Santa Catalina de Alejandría decapitada, 2021
Latón, cable eléctrico trenzado, cerámica esmaltada con oro y penca de agave / Llautó, cable elèctric trenat, ceràmica esmaltada amb or i penca d'atzavara

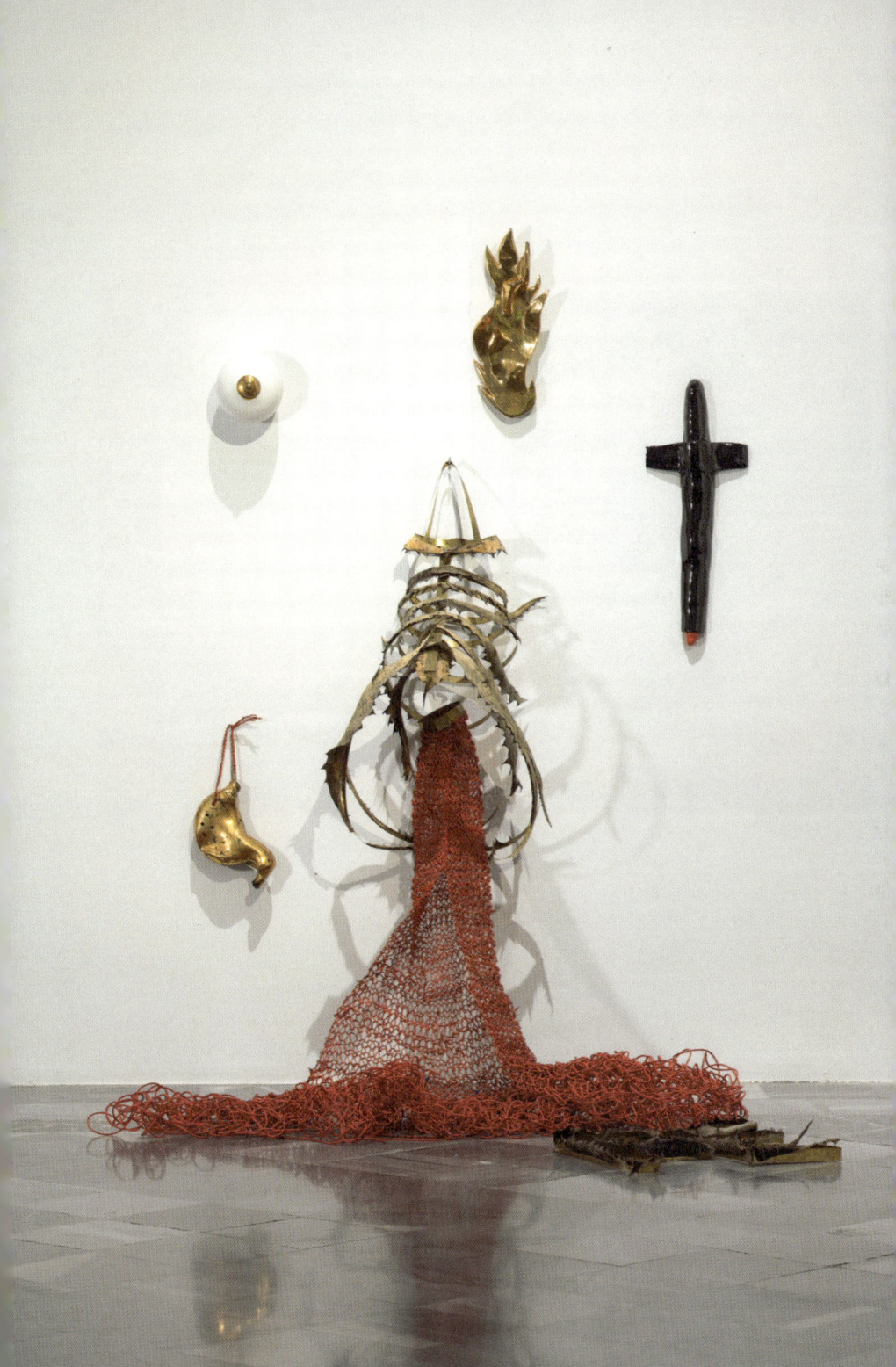

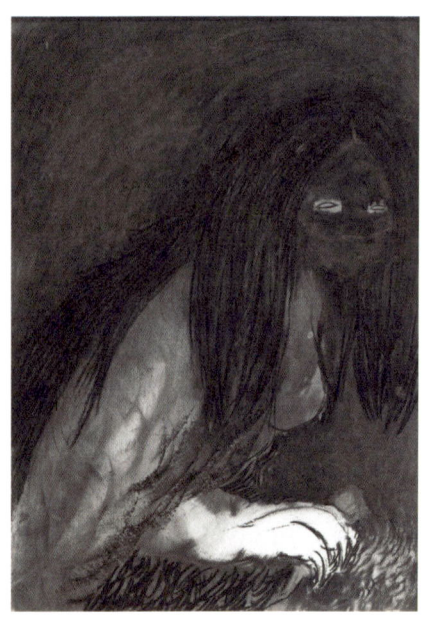 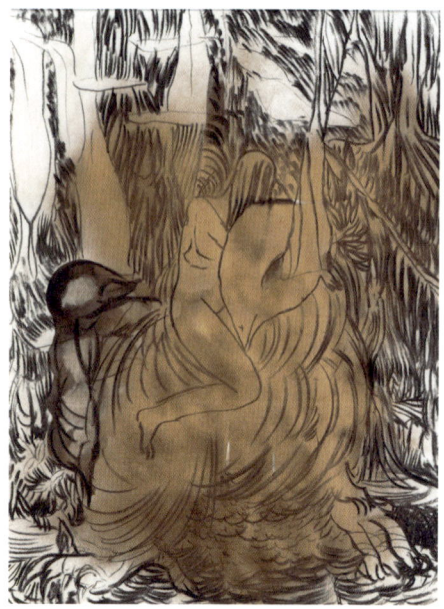

Osar callar, 2024
Máscara / Màscara
60 x 40 cm

Enigma, 2024
Carboncillo sobre papel /
Carbonet sobre paper
70 x 50 cm

gresa I, 2024
arboncillo sobre papel /
arbonet sobre paper
0 x 50 cm

gresa II, 2024
arboncillo sobre papel /
arbonet sobre paper
0 x 50 cm

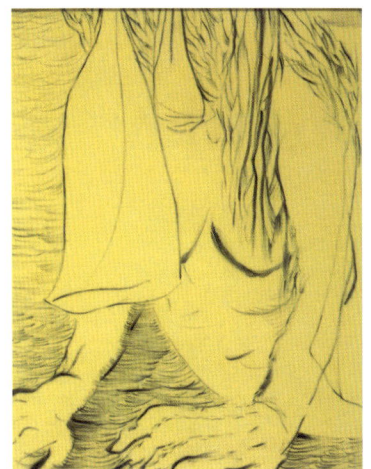
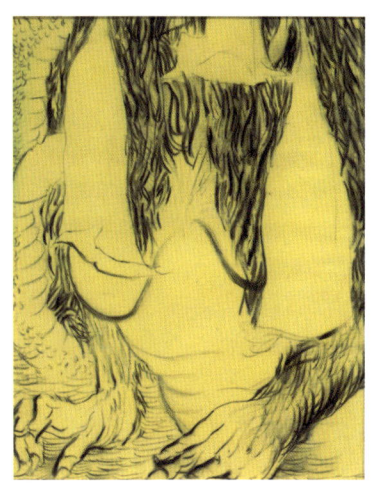

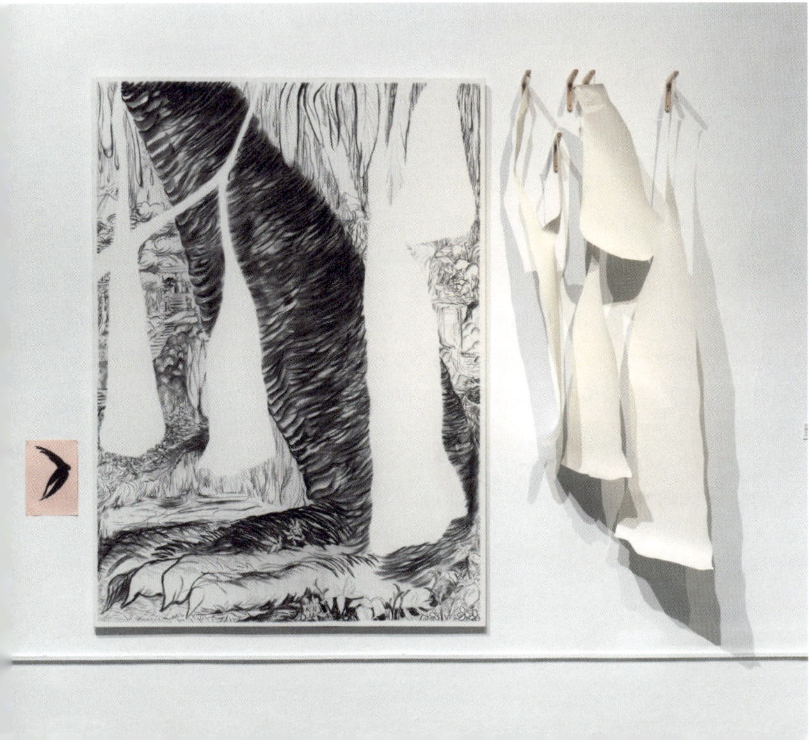

*Paisaje fabuloso con cenote
y estramonios*, 2024
Instalación / Instalació

MARTIN KAČMAREK

Galería Tuesday to Thursday

Martin Kačmarek se dedica principalmente a la pintura con aerógrafo, que combina con acrílico. Las formas, colores y texturas le fascinan, y en gran medida también tiene en cuenta el principio de la aleatoriedad. Martin introduce significativos detalles que alejan su obra de la simple representación de aspectos de la vida cotidiana. Al sustituir el *plein air* por capturas de pantalla del videojuego Farm Simulator trabaja con fondos más universales, ya preparados y envueltos en una luz y una atmósfera evocadoras. Al mismo tiempo, mantiene su interés inicial por la representación de entornos concretos y sus matices. Llevando su intensidad a la esfera cinematográfica, las escenas de granjeros furtivos que espían a sus vecinos, sabotean los esfuerzos de los demás o se enfrentan a circunstancias desafortunadas, se hacen más reales y honestas. Para transmitir la sencillez real de la vida en la granja, las imágenes se renderizan con un cierto grado de realismo. Trabajando casi exclusivamente con el aerógrafo, las finas capas de pintura transmiten los fértiles terrenos marcados por el trabajo y la intemperie. Familiarizado con el tema y comprometido en exponer las arduas tareas rurales, Kačmarek rinde homenaje a esta actividad esencial y a la dura vida de quienes la practican.

Martin Kačmarek es dedica principalment a la pintura amb aerògraf, que combina amb acrílic. Les formes, colors i textures el fascinen, i en gran manera també té en compte el principi de l'aleatorietat. Martin introduïx significatius detalls que allunyen la seua obra de la simple representació d'aspectes de la vida quotidiana. En substituir el *plein air* per captures de pantalla del videojoc Farm Simulator treballa amb fons més universals, ja preparats i embolicats en una llum i una atmosfera evocadores. Al mateix temps, manté el seu interés inicial per la representació d'entorns concrets i els seus matisos. Portant la seua intensitat a l'esfera cinematogràfica, les escenes de grangers furtius que espien els seus veïns, sabotegen els esforços dels altres o s'enfronten a circumstàncies desafortunades, es fan més reals i honestes. Per a transmetre la senzillesa real de la vida en la granja, les imatges es renderitzen amb un cert grau de realisme. Treballant quasi exclusivament amb l'aerògraf, les fines capes de pintura transmeten els fèrtils terrenys marcats pel treball i la intempèrie. Familiaritzat amb el tema i compromés a exposar les àrdues tasques rurals, Kačmarek ret homenatge a esta activitat essencial i a la dura vida dels qui la practiquen.

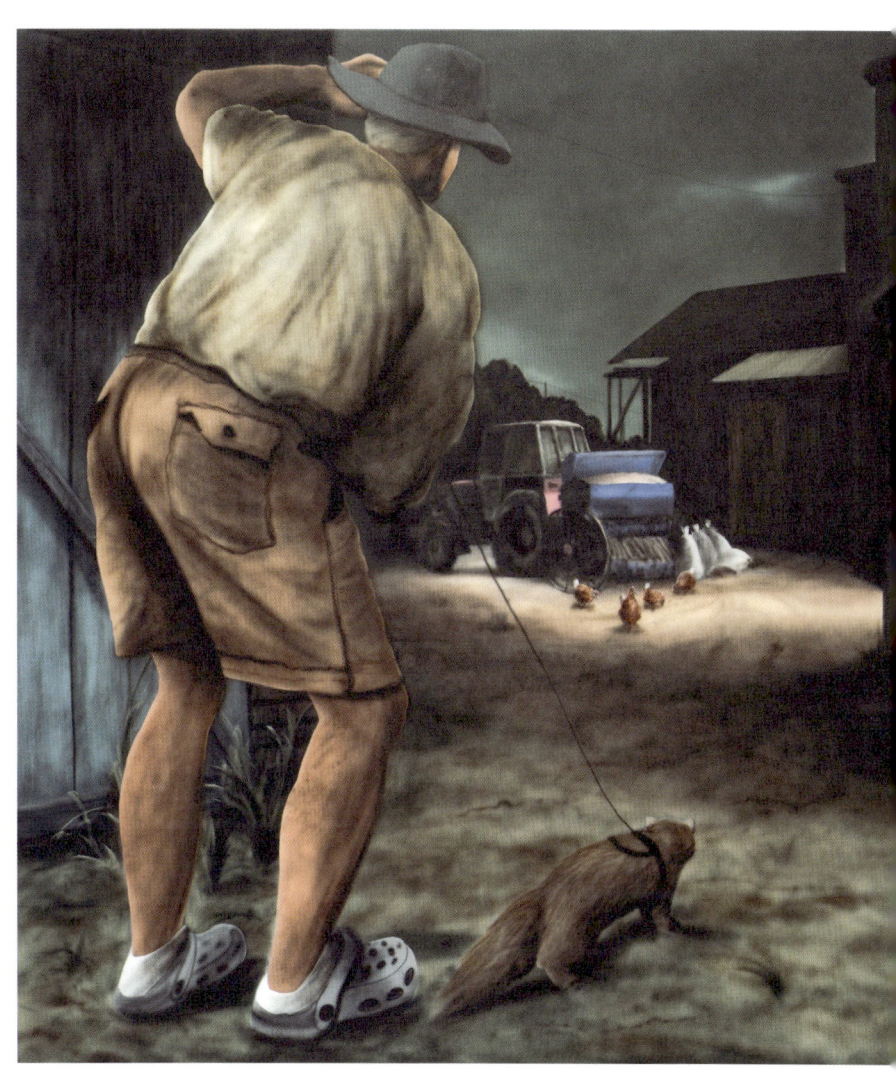

Snitch, 2023
Acrílico sobre lienzo /
Acrílic sobre llenç
200 x 180 cm

He can't hear, 2023
Acrílico sobre lienzo /
Acrílic sobre llenç
200 x 300 cm

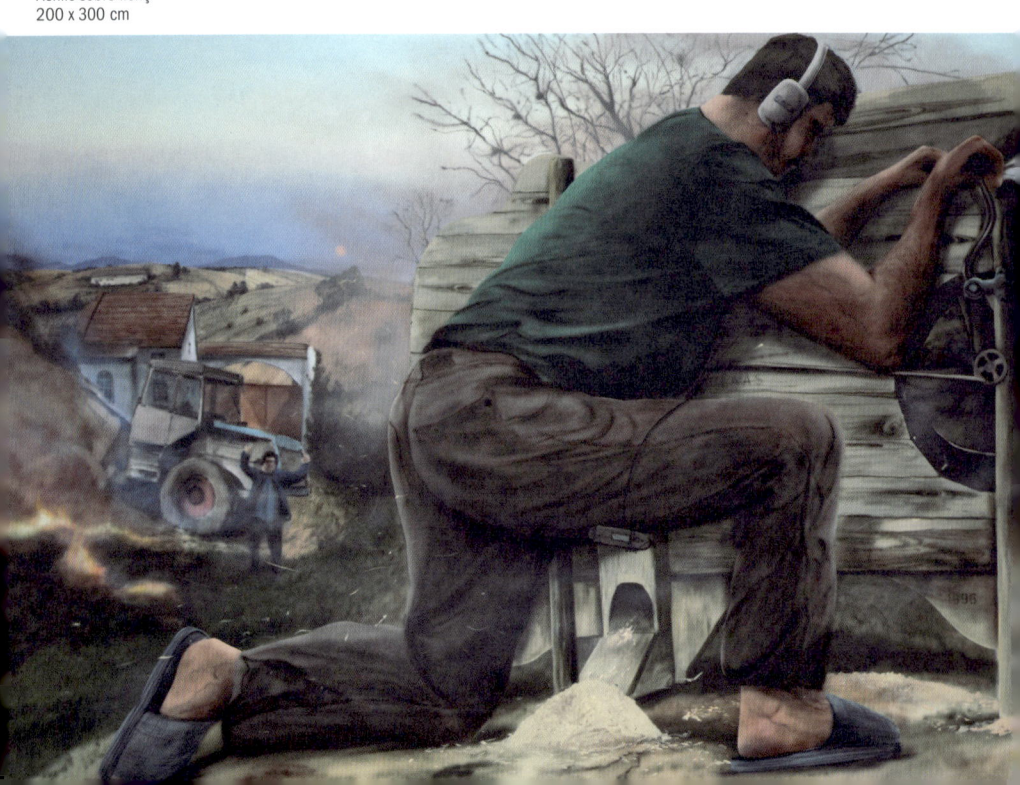

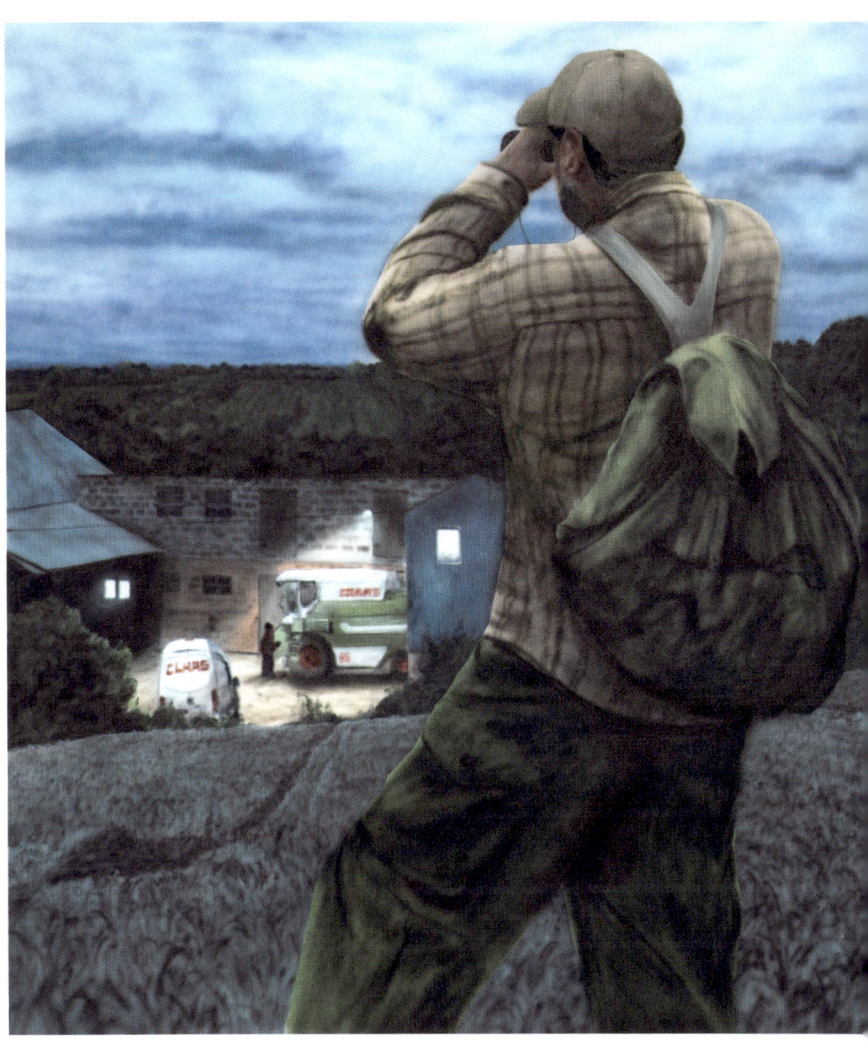

Snitch II, 2023
Acrílico sobre lienzo /
Acrílic sobre llenç
200 x 180 cm

RAFAEL MACARRÓN

Galería Benlliure

Rafael Macarrón crea personajes únicos que reclaman todo el protagonismo de cada obra y que encarnan a un tiempo lo universal y lo irrepetible.

Podemos observar los estudios del cuerpo de los protagonistas, hombres y animales de piernas demasiado delgadas como para soportar el peso de sus cabezas. Las figuras siempre se asientan sobre un fondo neutro, azul, rosa, verde agua, y en cada escena, la línea que corta el plano vertical del fondo con el plano horizontal es la única línea que reconocemos como característica de nuestro mundo.

En sus cuadros, Macarrón crea escenas oníricas y un mundo de personajes insólitos que a pesar de su dramatismo y deformidad desprenden ternura y amabilidad. Con un estilo y lenguaje definido, su pintura es fluida, fresca y armoniosa en su conjunto. Influido por el cómic, la pintura española de los 50 y los 60, la obra de Dubuffet, Fraile, Matta o Quirós, Macarrón se convierte en un referente de la pintura de nuestro tiempo.

Macarrón (Madrid, 1981), está considerado uno de los jóvenes artistas españoles con mayor proyección internacional.

Rafael Macarrón crea personatges únics que reclamen tot el protagonisme de cada obra i que encarnen alhora l'universal i l'irrepetible.

Podem observar els estudis del cos dels protagonistes, homes i animals d'extremitats massa primes per a suportar el pes dels seus caps. Les figures sempre s'assenten sobre un fons neutre, blau, rosa, verd aigua, i en cada escena, la línia que talla el pla vertical del fons amb el pla horitzontal és l'única línia que reconeixem com a característica del nostre món.

En els seus quadres, Macarrón crea escenes oníriques i un món de personatges insòlits que malgrat el seu dramatisme i deformitat desprenen tendresa i amabilitat. Amb un estil i llenguatge definit, la seua pintura és fluïda, fresca i harmoniosa en el seu conjunt. Influït pel còmic, la pintura espanyola dels 50 i els 60, l'obra de Dubuffet, Fraile, Matta o Quirós, Macarrón es convertix en un referent de la pintura del nostre temps.

Macarrón (Madrid, 1981) és considerat un dels joves artistes espanyols amb major projecció internacional.

Dónde irá, 2020
Técnica mixta sobre lienzo /
Tècnica mixta sobre llenç
162 x 130 cm

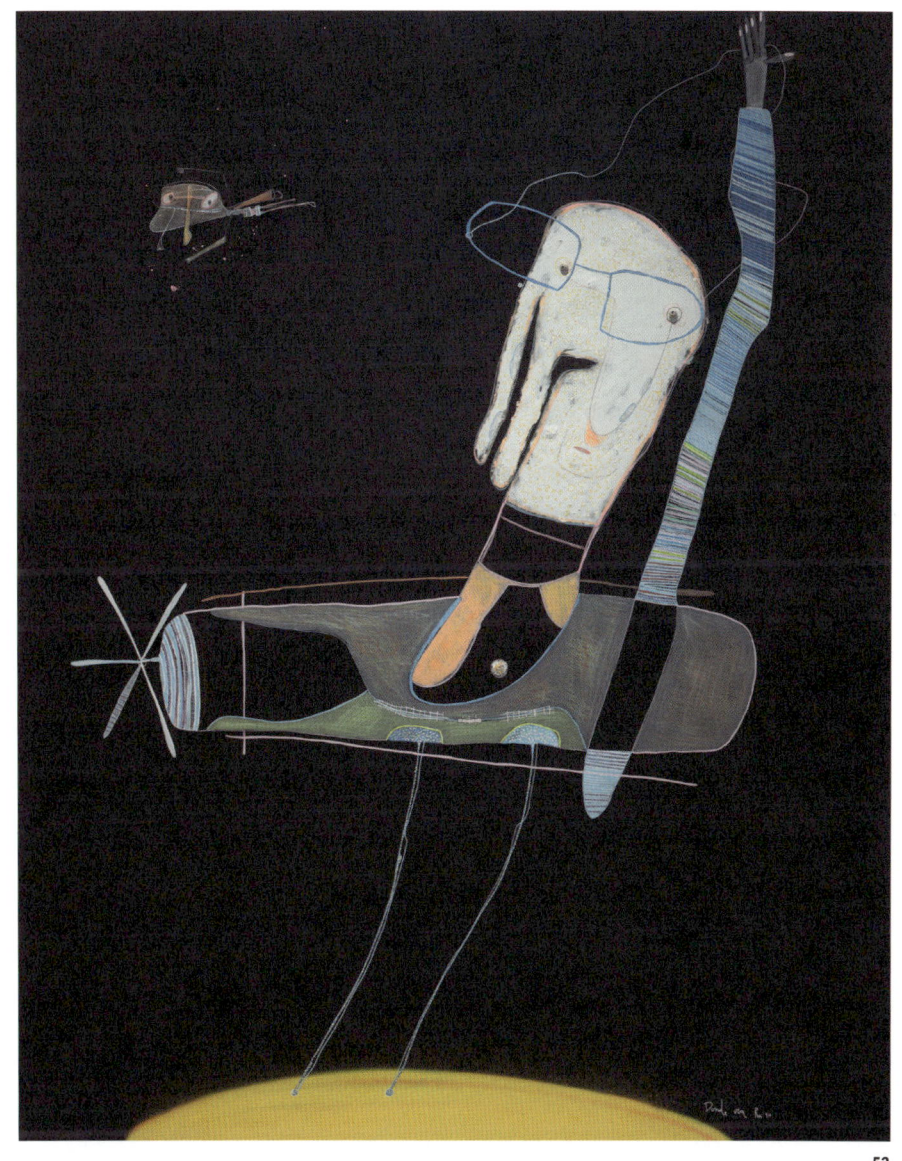

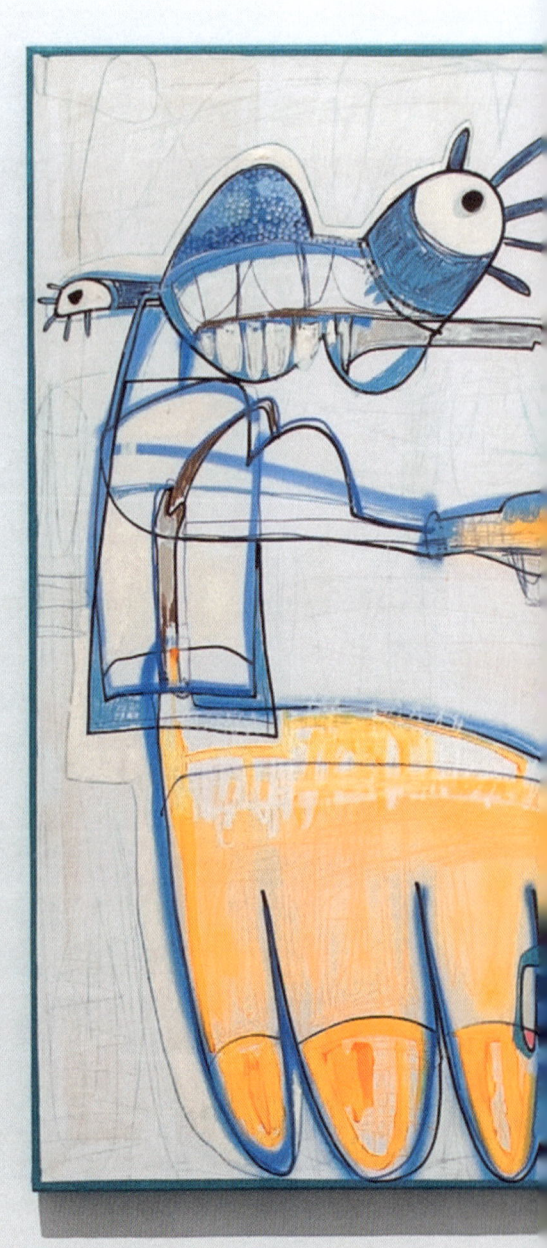

Ice, 2020
Técnica mixta sobre lienzo /
Tècnica mixta sobre llenç
140 x 183cm

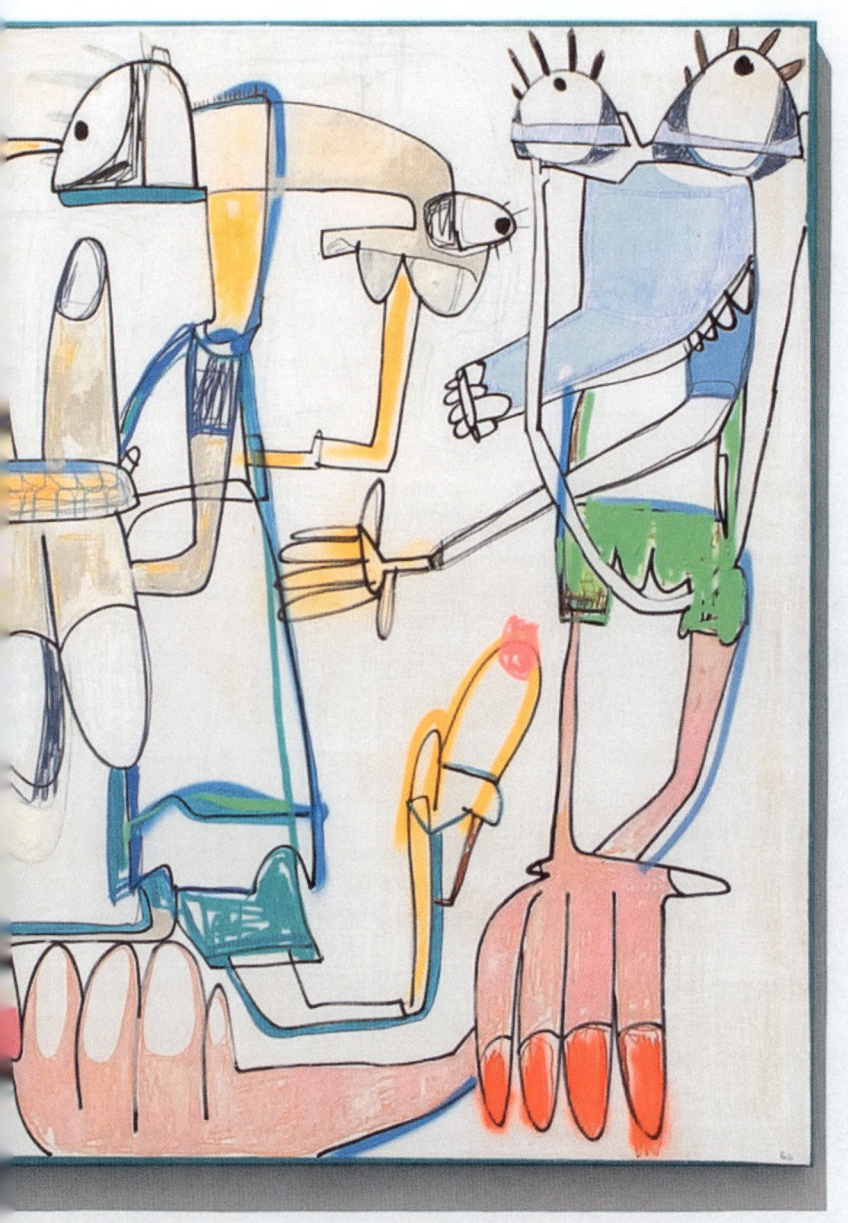

ALEJANDRO MAÑAS

Espai Nivi

La obra *Las fuentes del conocimiento: Agua, humo y fuego* de Alejandro Mañas García, artista y profesor en la Universitat Politècnica de València, aborda la identidad personal desde una perspectiva espiritual y mística. Este tríptico, concebido como una performance, examina la búsqueda de libertad y autenticidad.

En la primera imagen, el autor expulsa agua, simbolizando la pureza y vitalidad inherente a todos los seres humanos. Este acto sugiere que el conocimiento y la autenticidad deben fluir sin restricciones, resaltando la aceptación de la propia identidad. La segunda fotografía, en la que escupe fuego, evoca pasión y transformación, convirtiéndose en un símbolo de resistencia contra la opresión y la discriminación. El fuego no solo actúa como un agente de purificación, sino también como un motor de bienestar y vitalidad.

Finalmente, en la tercera imagen, el humo se eleva mientras el autor mira al cielo, simbolizando la esperanza y la conexión con lo trascendental. Este gesto invita a reflexionar sobre la libertad plena, donde cada cuerpo es valorado más allá de los cánones tradicionales de belleza. Así, la obra reivindica el respeto a la dignidad humana y celebra la diversidad de cuerpos, promoviendo una visión inclusiva y auténtica de la existencia.

L'obra *Les fonts del coneixement: aigua, fum i foc*, d'Alejandro Mañas García, artista i professor a la Universitat Politècnica de València, aborda la identitat personal des d'una perspectiva espiritual i mística. Este tríptic, concebut com una *performance*, examina la busca de llibertat i autenticitat.

En la primera imatge, l'autor expulsa aigua, simbolitzant la puresa i vitalitat inherent a tots els éssers humans. Este acte suggerix que el coneixement i l'autenticitat han de fluir sense restriccions, ressaltant l'acceptació de la pròpia identitat. La segona fotografia, en la qual escup foc, evoca passió i transformació, convertint-se en un símbol de resistència contra l'opressió i la discriminació. El foc no sols actua com un agent de purificació, sinó també com un motor de benestar i vitalitat.

Finalment, en la tercera imatge, el fum s'eleva mentres l'autor mira al cel, simbolitzant l'esperança i la connexió amb el transcendental. Este gest convida a reflexionar sobre la llibertat plena, on cada cos és valorat més enllà dels cànons tradicionals de bellesa. Així, l'obra reivindica el respecte a la dignitat humana i celebra la diversitat de cossos, promovent una visió inclusiva i autèntica de l'existència.

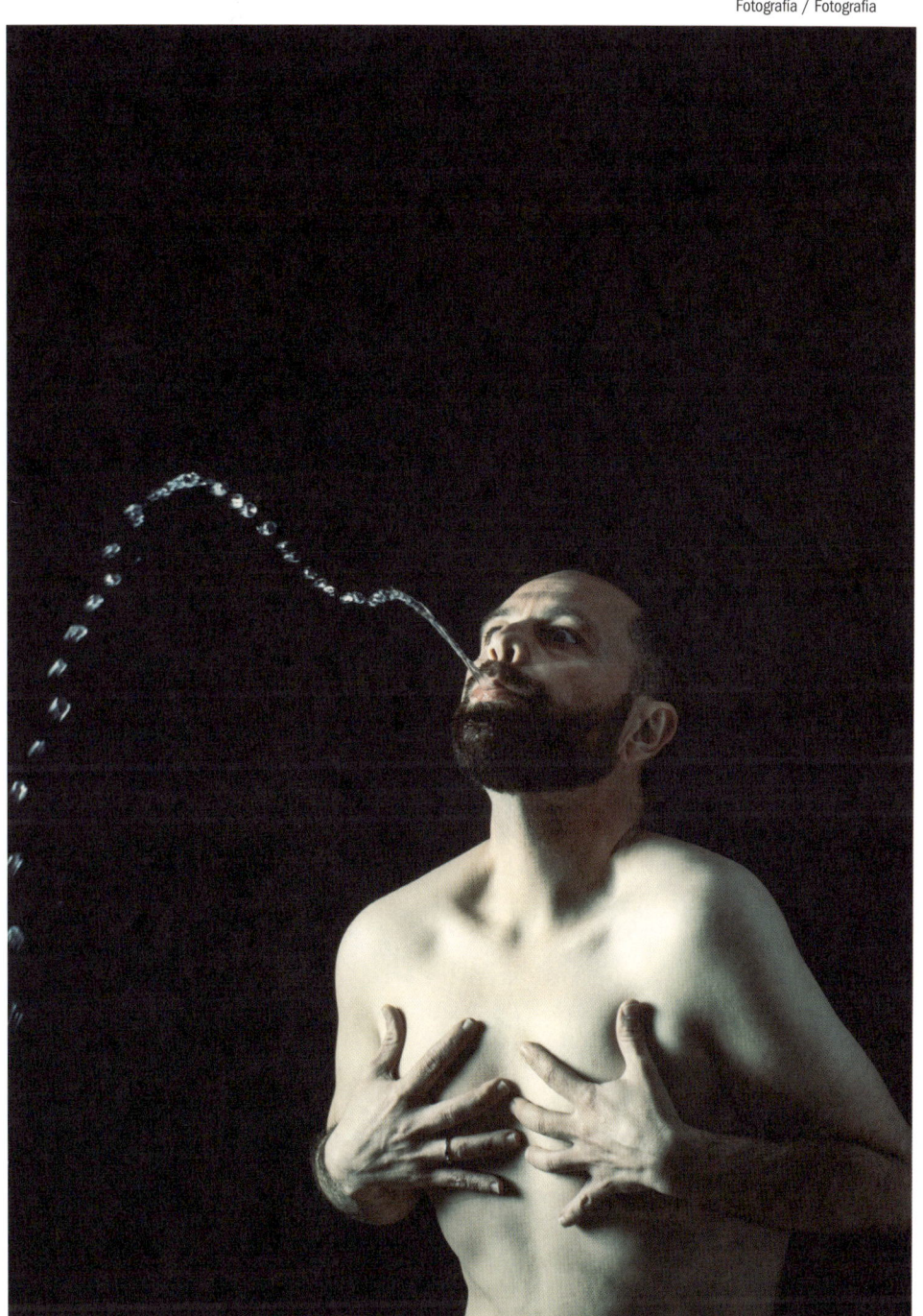

*Las fuentes del conocimiento,
agua, fuego y humo*, 2024
Fotografía / Fotografia

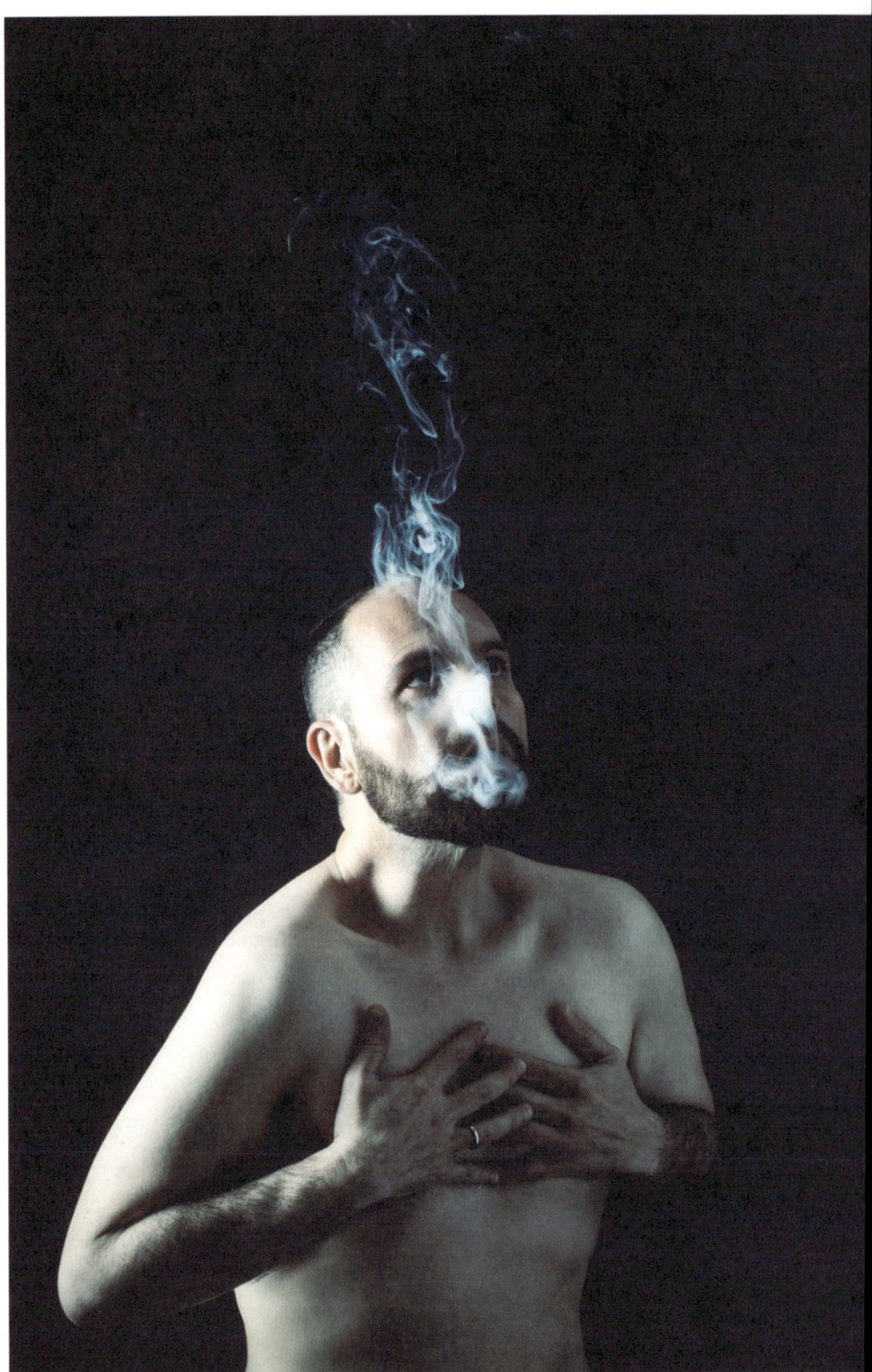

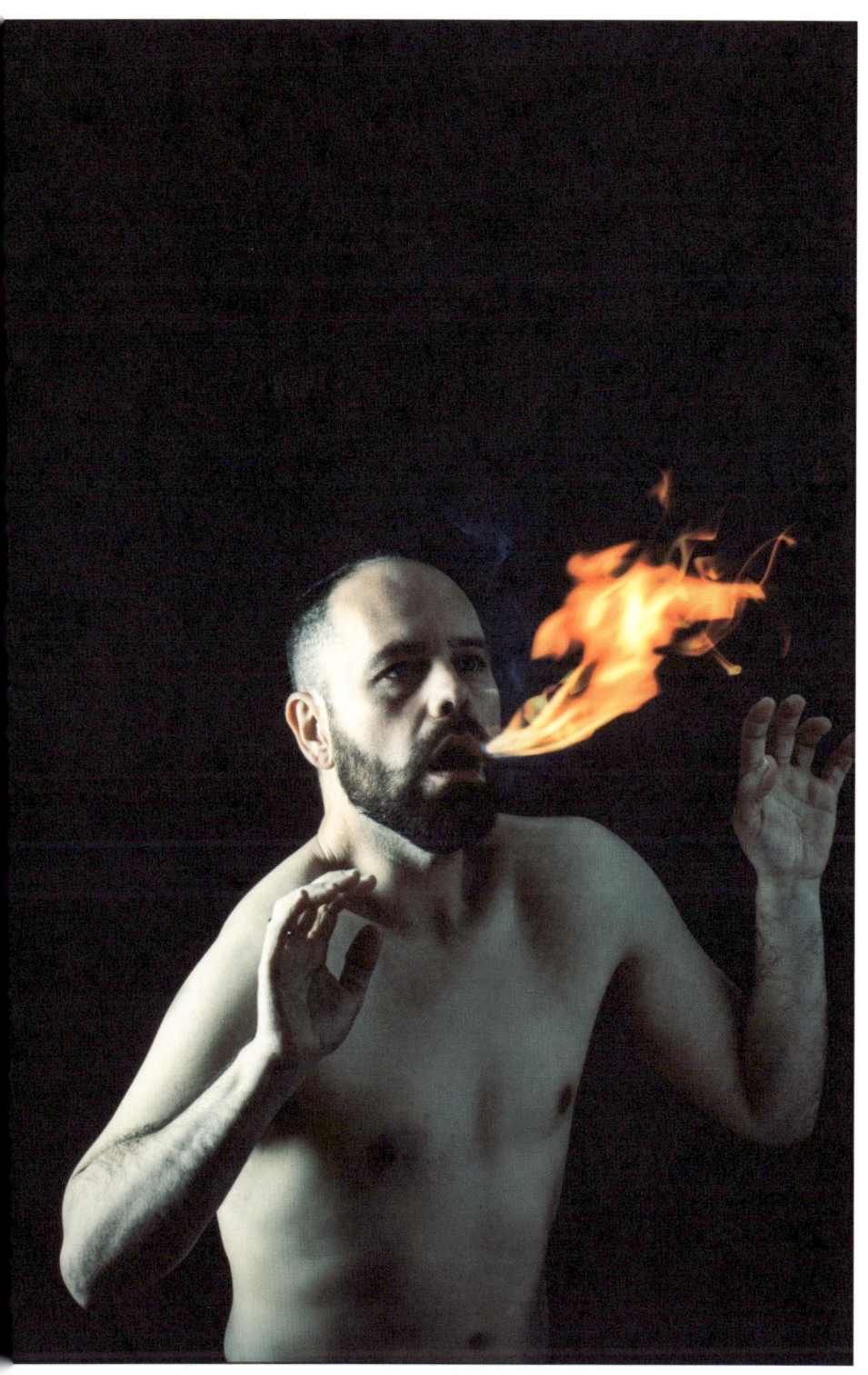

CLAUDIA PASTOMÁS

Galería Vangar

Una Posición, Estar Dentro, de Claudia Pastomás, explora las transformaciones materiales y productivas tras las revoluciones industriales, enfocándose en la evolución del trabajo manual, el cuerpo y la materialidad. La artista utiliza materiales tradicionales y modernos, como chapas de madera y tableros DM, para capturar la opacidad de los productos industriales y la resistencia de la materia recuperada.

El núcleo de la instalación lo forman piezas que representan diferentes alturas de mesas usadas en el trabajo manual, simbolizando el concepto de «estar dentro», haciendo visible la corporalidad y inmersión del cuerpo. Estas esculturas crean un archivo de posturas corporales en el taller, cuestionando la conexión entre el individuo y la industria.

La obra también reflexiona sobre la transición del fordismo al posfordismo, destacando cómo la producción en serie reemplazó las formas manuales y gremiales. Esta evolución relegó metodologías previas, generando un cuerpo extraño a la lógica productiva dominante.

A través de lo material, un puntillismo que deja entrever ornamentos y evidencia todo ese proceso donde se acoge a lo imperfecto y el error, Pastomás invita al espectador a reflexionar sobre la historia de los métodos de producción y su impacto en la sociedad contemporánea.

Una posició, estar dins, de Claudia Pastomás, explora les transformacions materials i productives després de les revolucions industrials, enfocant-se en l'evolució del treball manual, el cos i la materialitat. L'artista utilitza materials tradicionals i moderns, com ara xapes de fusta i taulers DM, per a capturar l'opacitat dels productes industrials i la resistència de la matèria recuperada.

El nucli de la instal·lació el formen peces que representen diferents altures de taules usades en el treball manual, simbolitzant el concepte d'«estar dins», fent visible la corporalitat i immersió del cos. Estes escultures creen un arxiu de postures corporals en el taller, qüestionant la connexió entre l'individu i la indústria.

L'obra també reflexiona sobre la transició del fordisme al postfordisme, destacant com la producció en sèrie va reemplaçar les formes manuals i gremials. Esta evolució va relegar metodologies prèvies, generant un cos estrany a la lògica productiva dominant.

A través del material, un puntillisme que deixa entreveure ornaments i evidència tot eixe procés on s'acull a l'imperfecte i l'error, Pastomás convida l'espectador a reflexionar sobre la història dels mètodes de producció i el seu impacte en la societat contemporània.

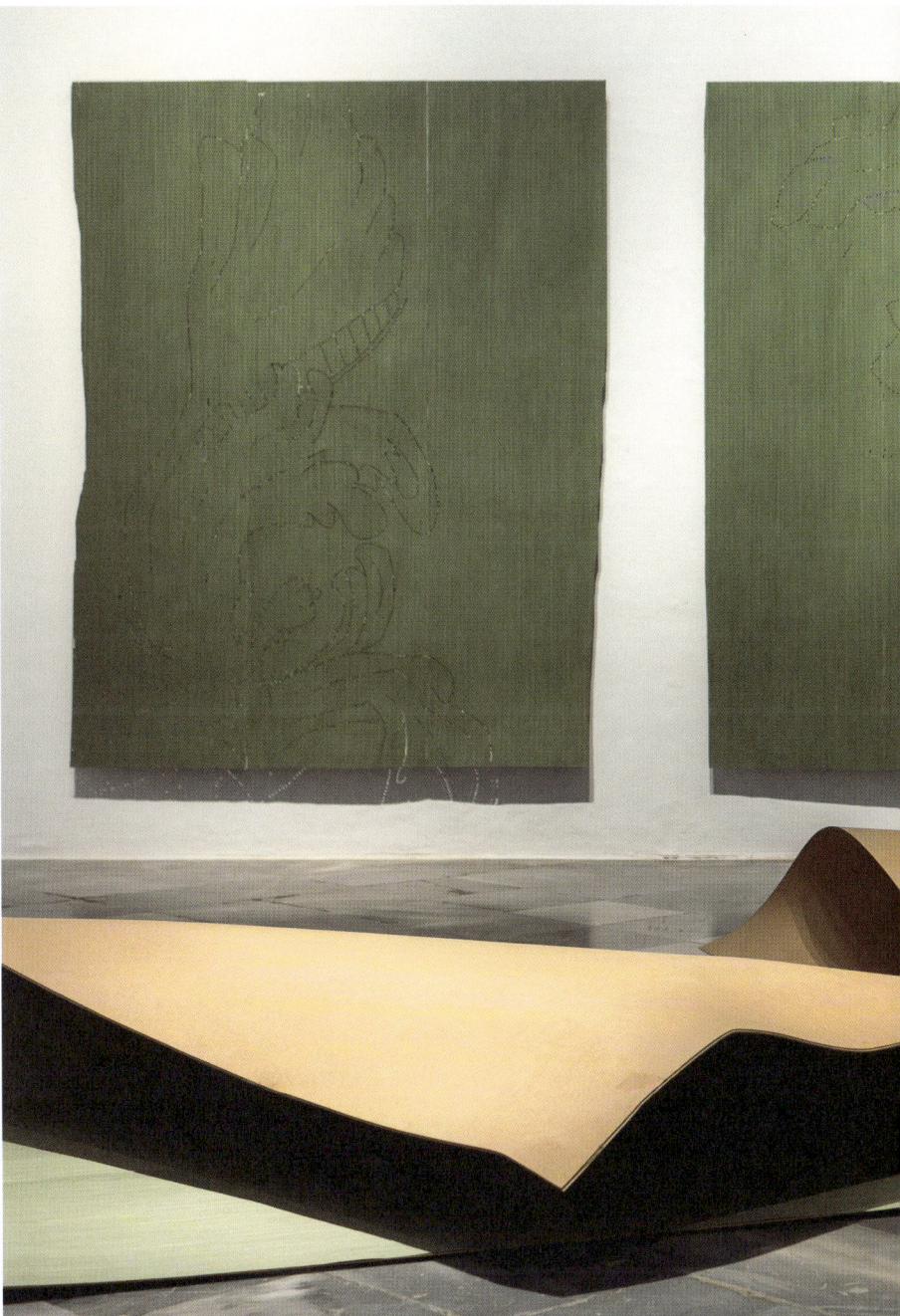

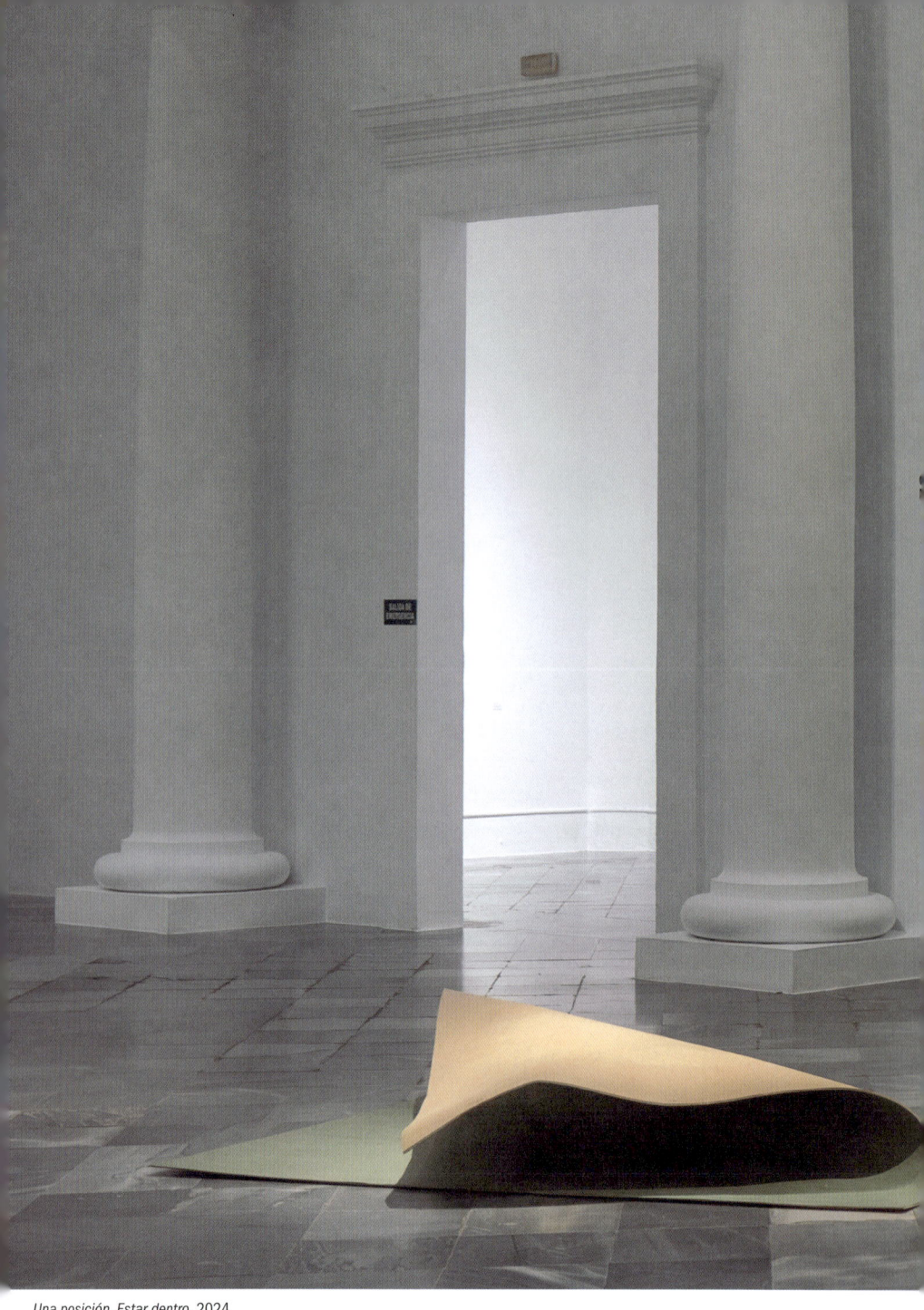

Una posición. Estar dentro, 2024
Madera y grafito / Fusta i grafit

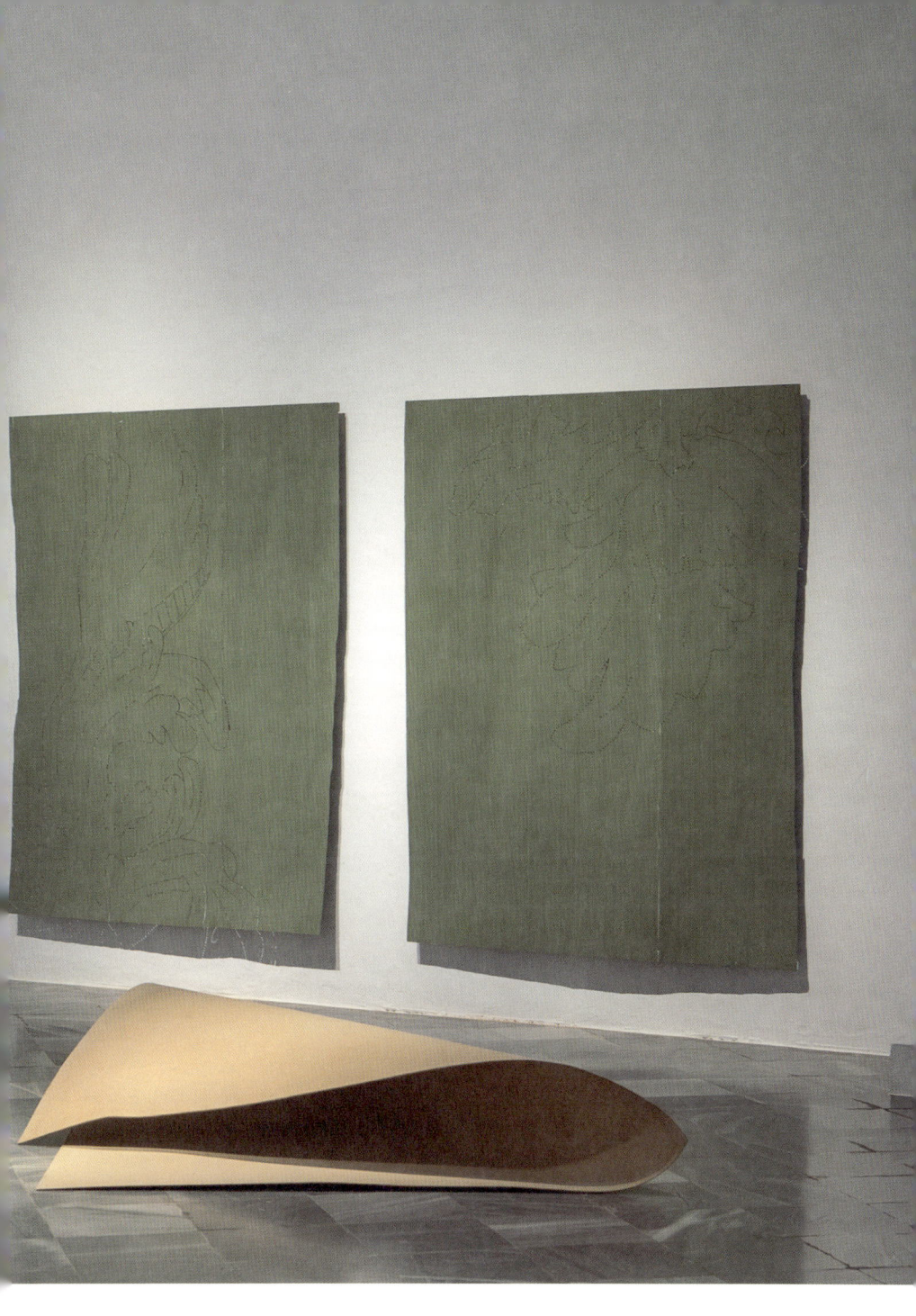

JAVIER RIERA

Galería Ana Serratosa

La relación entre geometría y naturaleza adquiere, en el trabajo de Javier Riera, un carácter meditativo. Sus instalaciones aspiran a ampliar la percepción del espectador hacia dimensiones latentes en los espacios en que trabaja generando una experiencia de visibilidad en la que hay calma y asombro al mismo tiempo. Riera entiende la geometría como un lenguaje natural anterior a la materia, capaz de establecer con ella un tipo de resonancia sutil y reveladora. La geometría es aquí un puente entre nuestro interior y la naturaleza.

En *Gráfico paramétrico 6* una secuencia gráfica geométrica evoluciona y se transforma proyectada lumínicamente sobre capas de tela semitransparente. Los dibujos han sido elaborados matemáticamente introduciendo en la ecuaciones números áureos, secuencias de Fibonacci y otras relaciones numéricas presentes en la naturaleza. El movimiento lento y el carácter mandálico tridimensional de los dibujos invitan a la contemplación.

Javier Riera, es un artista visual con formación en Bellas Artes que trabaja habitualmente interviniendo el paisaje con luz y geometría. Su obra ha sido presentada en museos de arte contemporáneo tan relevantes como el Museo Nacional Centro de Arte Reina Sofía, el Centro Niemeyer, el MUSAC de León, entre otros.

La relació entre geometria i naturalesa adquirix, en el treball de Javier Riera, un caràcter meditatiu. Les seues instal·lacions aspiren a ampliar la percepció de l'espectador cap a dimensions latents en els espais en què treballa, generant una experiència de visibilitat en la qual hi ha calma i sorpresa alhora. Riera entén la geometria com un llenguatge natural anterior a la matèria, capaç d'establir amb ella un tipus de ressonància subtil i reveladora. La geometria és ací un pont entre el nostre interior i la naturalesa.

En *Gràfic paramètric 6* una seqüència gràfica geomètrica evoluciona i es transforma projectada lumínicament sobre capes de tela semitransparent. Els dibuixos han sigut elaborats matemàticament introduint en les equacions números auris, seqüències de Fibonacci i altres relacions numèriques presents en la naturalesa. El moviment lent i el caràcter mandàlic tridimensional dels dibuixos conviden a la contemplació.

Javier Riera és un artista visual amb formació en Belles Arts que treballa habitualment intervenint el paisatge amb llum i geometria. La seua obra ha sigut presentada en museus d'art contemporani tan rellevants com el Museu Nacional Centre d'Art Reina Sofia, el Centre Niemeyer, el MUSAC de Lleó, entre altres.

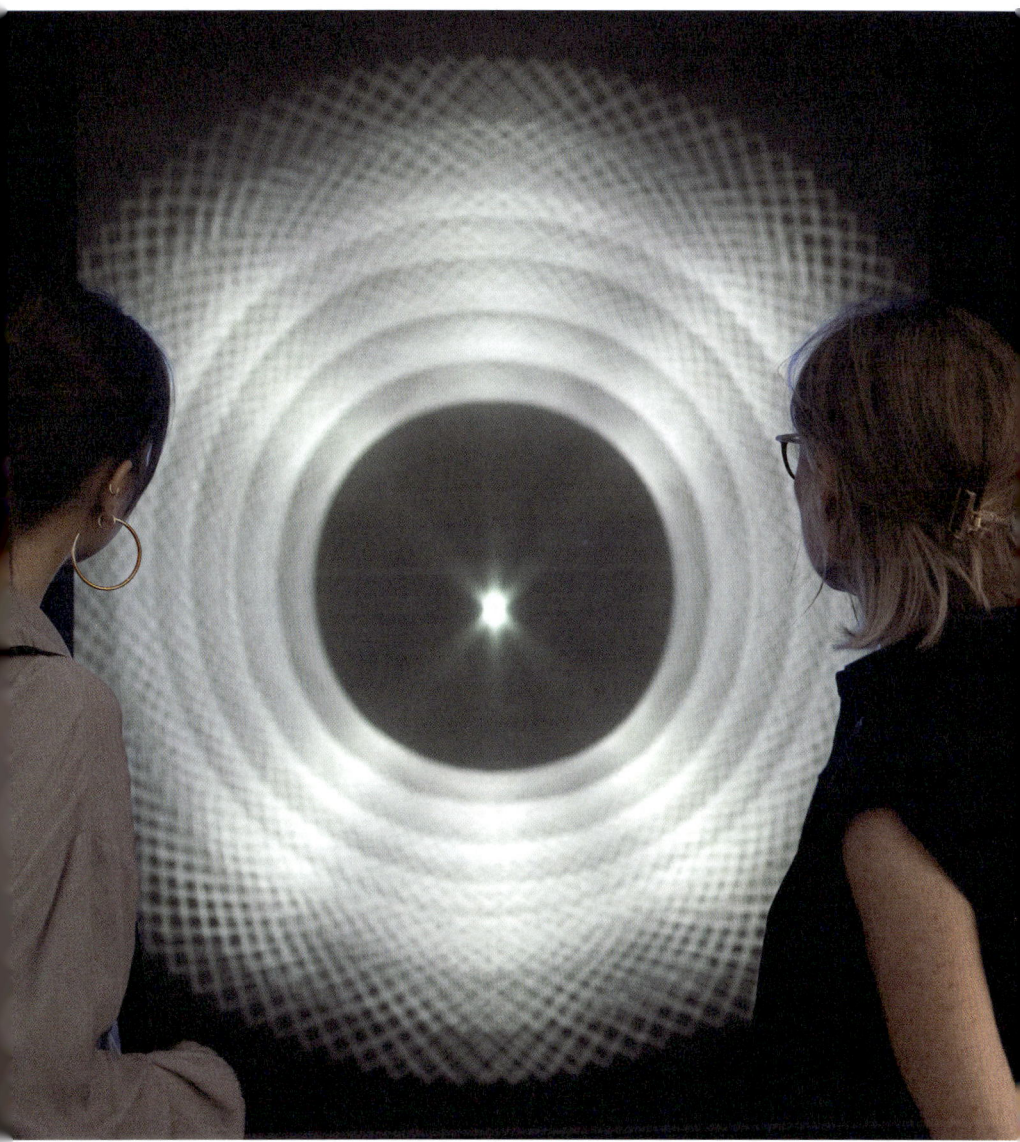

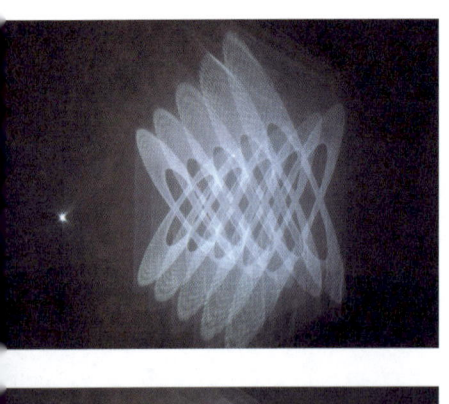

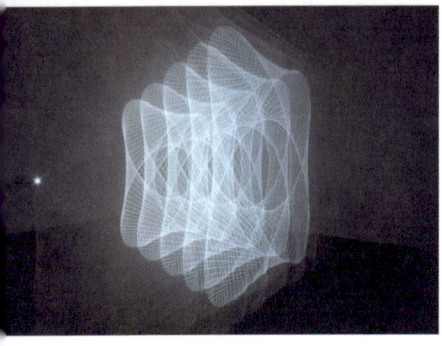

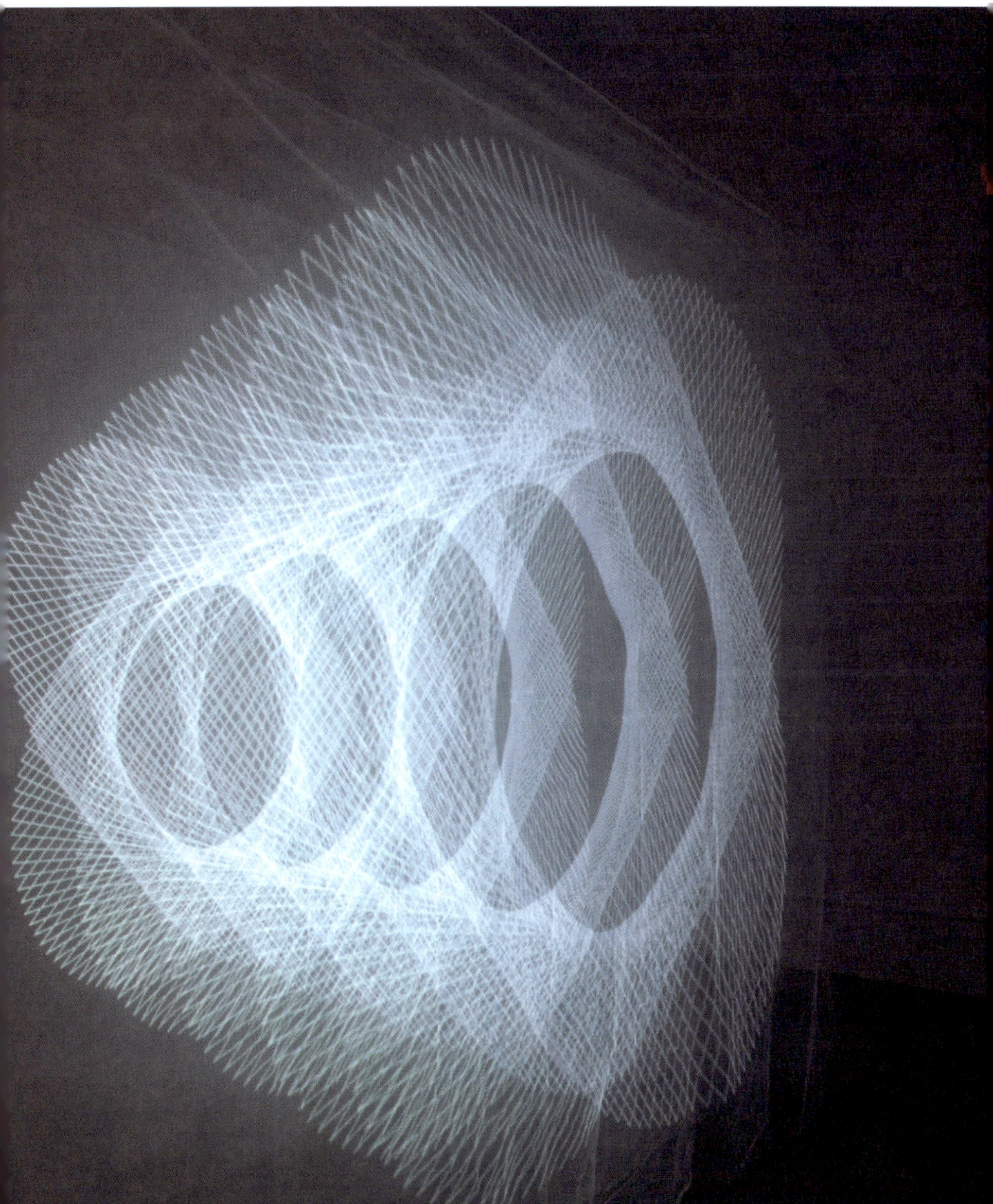

Gráfico paramétrico 9, 2023
Proyección de luz / Projecció de llum

ANTONIO SAMO

Set Espai d'Art

Las esculturas talladas de Antonio Samo (Valencia, 1984) destacan por la sutileza, la fragilidad y, a la vez, la contundencia. Transfiere a la madera de tilo un instante de existencia ausente. La figura humana, como forma exterior de un mundo íntimo, se encuentra en un estado latente de incertidumbre: entre un vestirse o un desvestirse, enfrentándose a este momento íntimo desde la apatía. Figuras acabadas, figuras inacabadas, en construcción, como una evolución lógica de la vida. La notoriedad de este malestar se vuelve a sentir en la pieza "El juego". Se trata de bloques de madera en los cuales en su parte superior están tallados bustos de personas. De esta manera, el escultor propone que terminemos las piezas en nuestra imaginación, al tiempo que intuimos su inmovilidad: la imposibilidad del poder ir más allá radicalmente delimitada por el bloque.

Licenciado en BBAA y Master en Producción Artística por la UPV. Amplió sus conocimientos de escultura en la Academia de BBAA de Carrara y Varsovia. Ha participado en residencias artísticas en Barcelona, Amberes, Santiago de Compostela y Varsovia. Su obra forma parte de colecciones privadas y públicas a nivel nacional e internacional.

Fué Premio Senyera de las Artes Visuales 2023.

Les escultures tallades d'Antonio Samo (València, 1984) destaquen per la subtilesa, la fragilitat i, alhora, la contundència. Transferix a la fusta de til·ler un instant d'existència absent. La figura humana, com a forma exterior d'un món íntim, es troba en un estat latent d'incertesa: entre vestir-se o desvestir-se, enfrontant-se a este moment íntim des de l'apatia. Figures acabades, figures inacabades, en construcció, com una evolució lògica de la vida. La notorietat d'este malestar es torna a sentir en la peça *El joc*. Es tracta de blocs de fusta que tenen tallats en la part superior busts de persones. D'esta manera, l'escultor proposa que acabem les peces en la nostra imaginació, al mateix temps que intuïm la seua immobilitat: la impossibilitat de poder *anar més enllà* radicalment delimitada pel *bloc*.

Llicenciat en Belles Arts i Màster en Producció Artística per la UPV, va ampliar els seus coneixements d'escultura en l'Acadèmia de Belles Arts de Carrara i Varsòvia. Ha participat en residències artístiques a Barcelona, Anvers, Santiago de Compostel·la i Varsòvia. La seua obra forma part de col·leccions privades i públiques nacionals i internacionals.

Va obtindre el Premi Senyera de les Arts Visuals 2023.

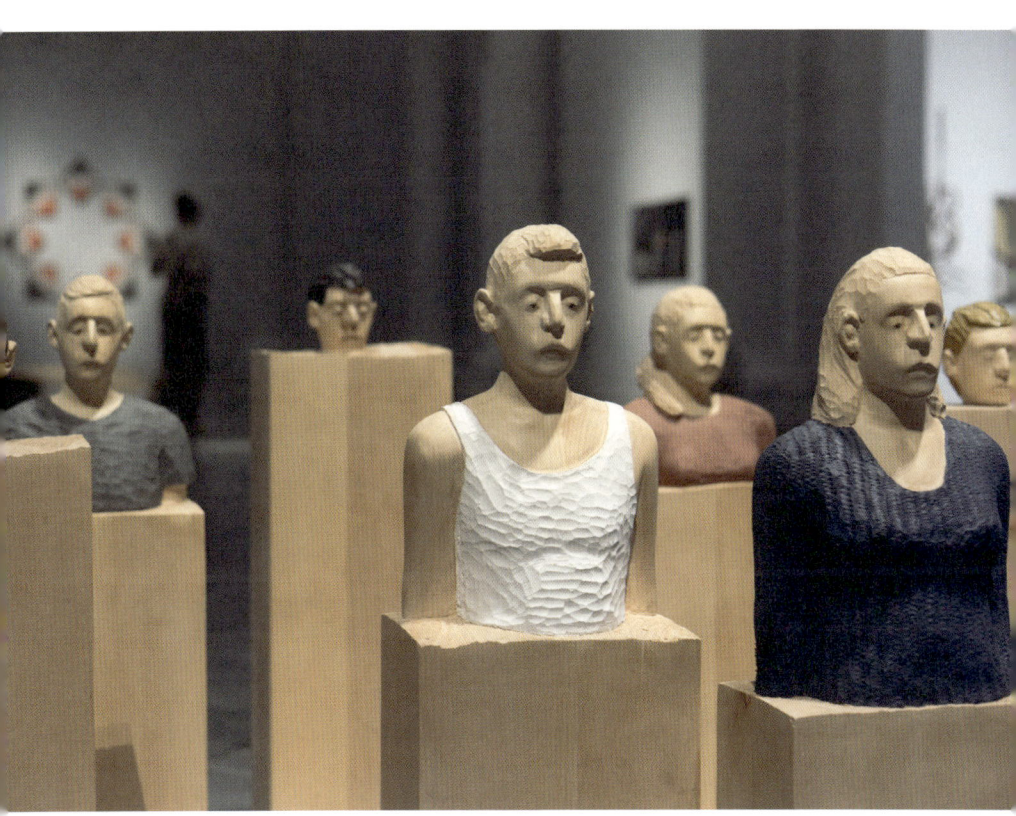

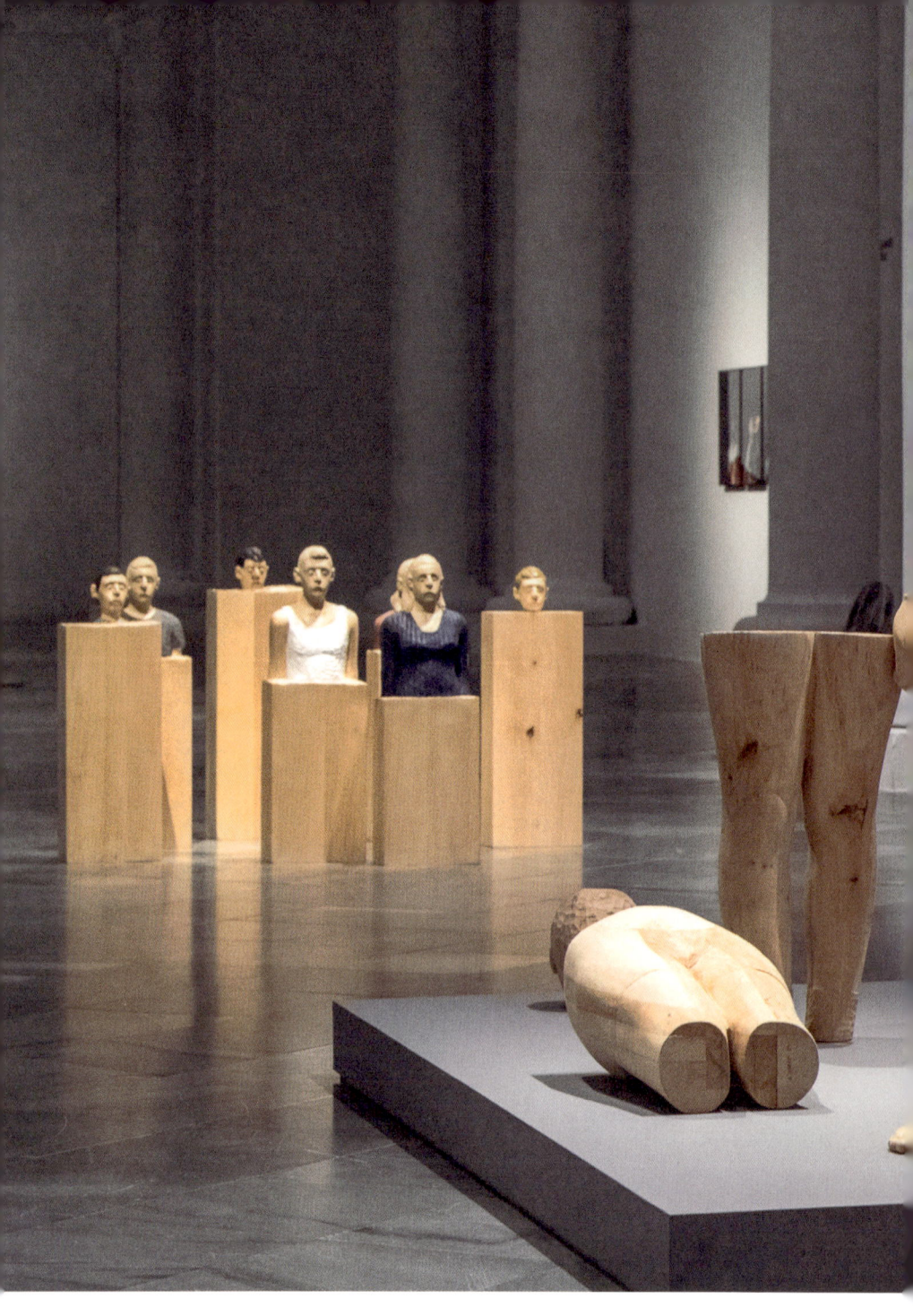

Sin título / Sense títol, 2021
Acrílico sobre madera de tilo / Acrílic sobre fusta de tiHer

Composición II, 2024
Madera de tilo / Fusta de tiHer

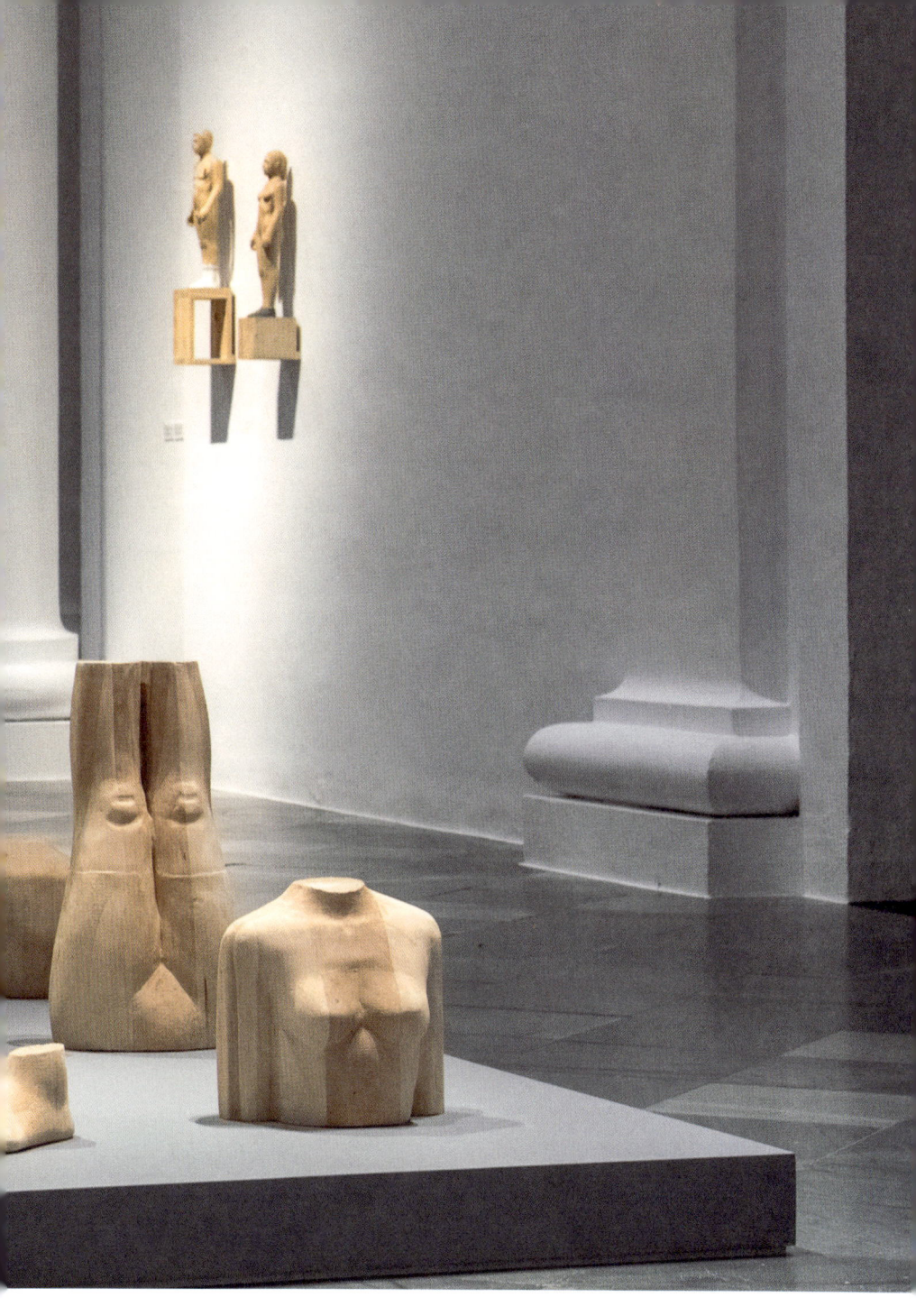

El juego, 2016
Acrílico sobre madera de tilo /
Acrílic sobre fusta de tiHer

DAVID SÁNCHEZ

La Mercería

David Sánchez *(València*, España 1983) es un artista visual con origen en el Graffiti como SEB-ONE desde 1996. Siente fascinación por los procesos creativos. Su trabajo trata sobre la percepción sensorial de ecosistemas visuales contemporáneos en el espacio tiempo. Busca el artificio, la captación total de atención y amplificación de los sentidos, igual que cuando admiramos un amanecer, un glaciar, o un bosque centenario. En su investigación la consecuencia de los procesos constructivos habla más que el proceso en sí, ahí convive con la materia y la pureza de lo plano. Camina en esa estrecha línea que separa la pintura de la escultura. Y quizás por sus inicios en el Graffiti, su trabajo registra sensibilidad por lo estético, el color y la riqueza cromática. En el proceso creativo presta especial atención a la composición y nada está al azar, nunca con boceto previo, aborda directamente sobre el formato una idea y ahí empieza a construir a través de capas cómo si de Photoshop se tratase, a menudo nada tiene que ver con la idea inicial, es la manera que encuentra de avanzar. El resultado son composiciones modulares que cuestionan los límites del formato y la pintura, haciendo evidente la necesidad de expandirse en la pared.

David Sánchez (València, Espanya, 1983) és un artista visual amb origen en el grafit com a SEB-ONE des de 1996. Sent fascinació pels processos creatius. El seu treball tracta sobre la percepció sensorial d'ecosistemes visuals contemporanis en l'espaitemps. Busca l'artifici, la captació total d'atenció i amplificació dels sentits, igual que quan admirem una alba, una glacera o un bosc centenari. En la seua investigació, la conseqüència dels processos constructius parla més que el procés en si; ací conviu amb la matèria i la puresa del pla. Camina en eixa estreta línia que separa la pintura de l'escultura. I potser pels seus inicis en el grafit, el seu treball registra sensibilitat per allò que és estètic, el color i la riquesa cromàtica. En el procés creatiu presta especial atenció a la composició i res hi ha a l'atzar, mai amb esbós previ, aborda directament sobre el format una idea i ací comença a construir a través de capes com si de Photoshop es tractara, sovint res té a veure amb la idea inicial, és la manera que troba d'avançar. El resultat són composicions modulars que qüestionen els límits del format i la pintura, i fan evident la necessitat d'expandir-se en la paret.

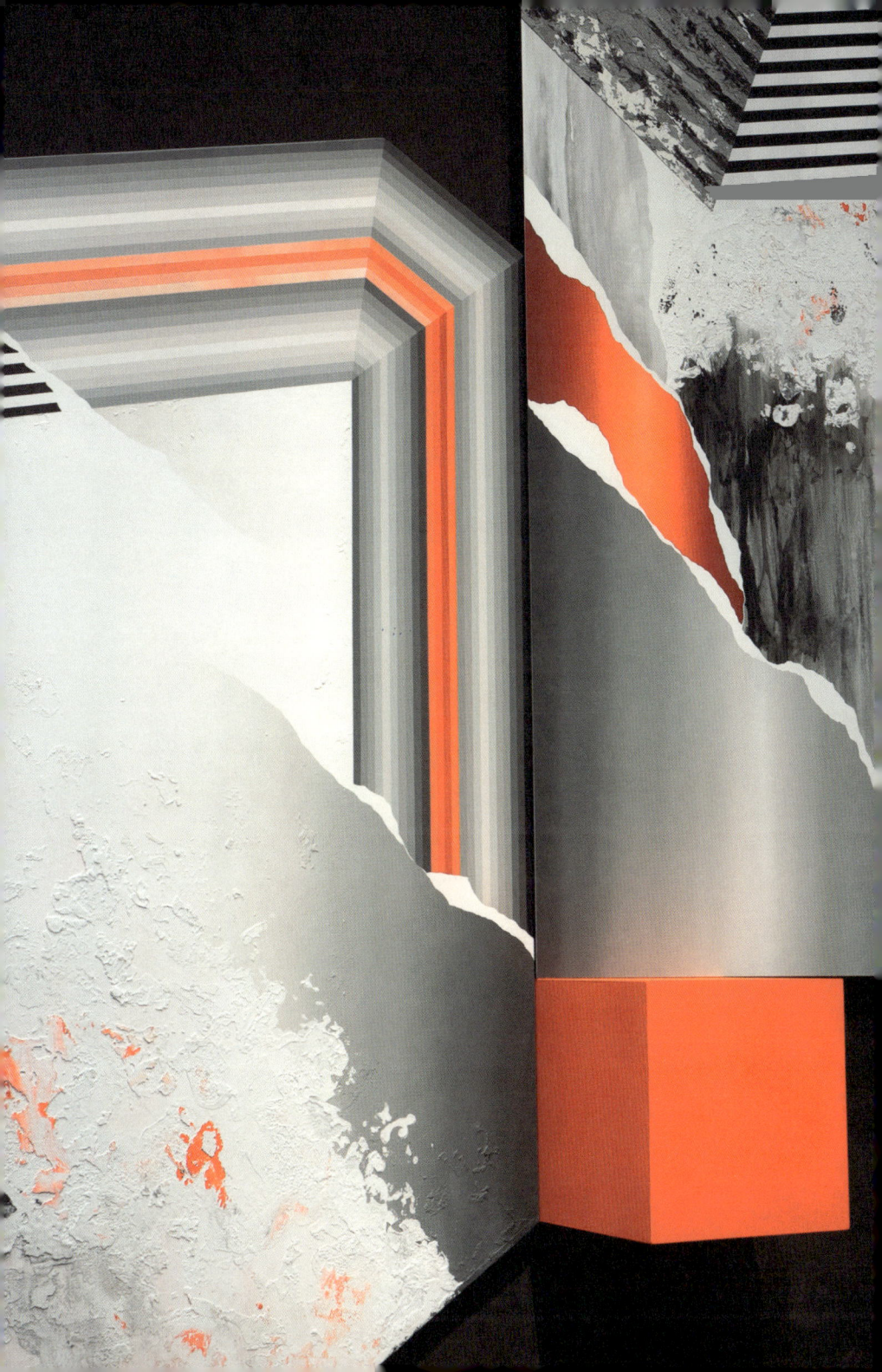

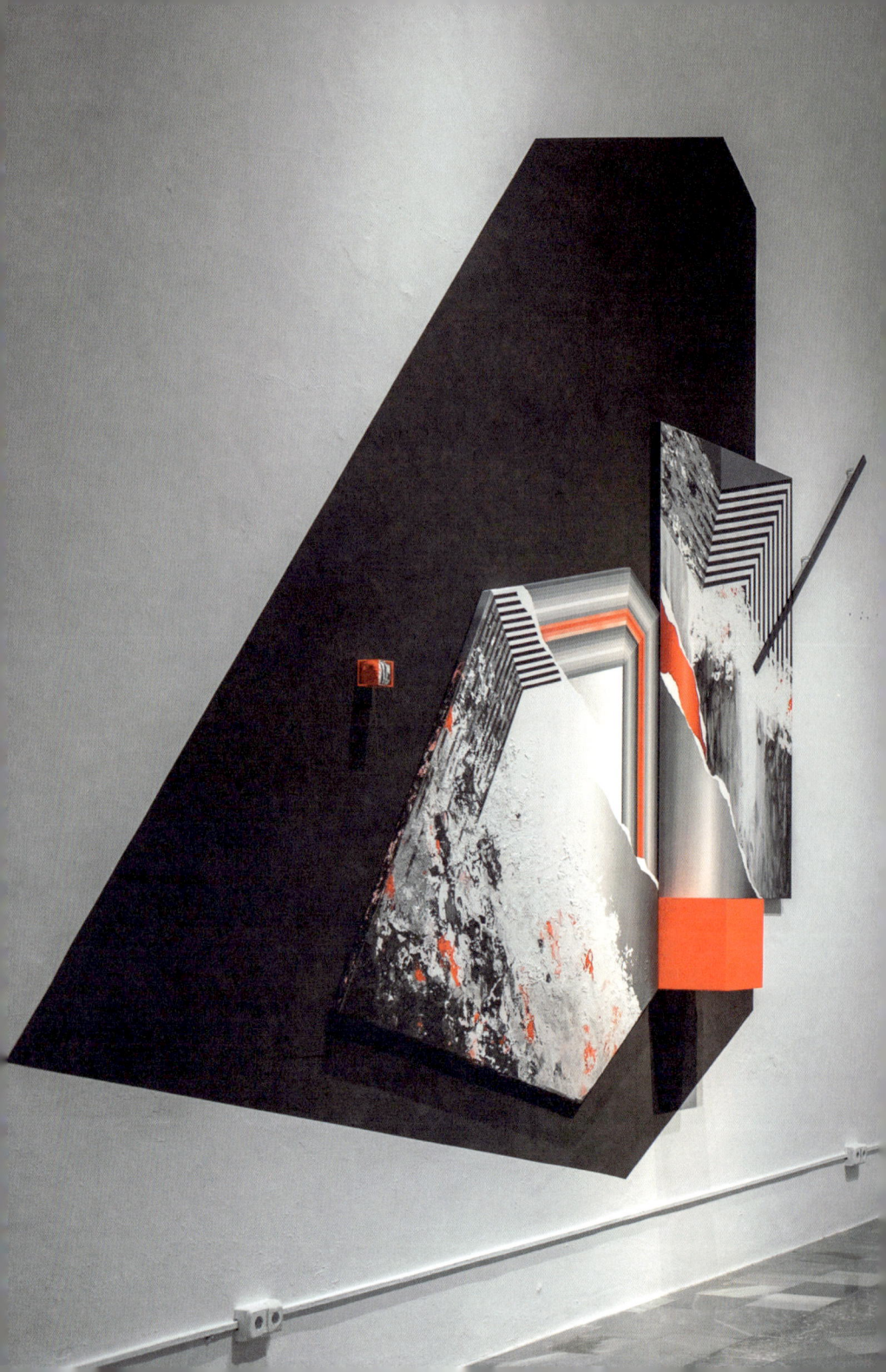

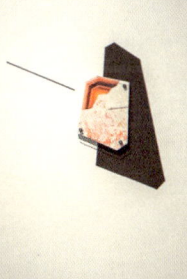

Delirios de la ingravidez en el espacio tiempo**, 2024
Técnica mixta /Técnica mixta, 300 x 500 cm

ESTEFANÍA SERRANO
Galería Cuatro

Estefanía Serrano (Altura, 1999), artista plástica y visual, graduada en Bellas Artes por la Universitat Politècnica de València y titulada con el Máster de Producción Artística en la misma institución. Su trabajo se centra en la exploración de la línea dentro de la abstracción geométrica contemporánea.

A través de la pintura, investiga la dualidad y el significado de la línea recta y su relación con la superficie. Inspirada por teóricos como Paul Klee y Le Corbusier, distingue entre dos funciones de la línea: una intrínseca al plano que actúa como guía estructural, y otra extrínseca que conecta puntos marcados en la superficie, creando trazados que pueden ser eliminados sin afectar la integridad del plano. Esta dualidad refleja una tensión entre lo natural y lo cultural, una constante en su obra.

La línea recta, símbolo de modernidad y razón en la sociedad occidental, se contrapone a las formas naturales y orgánicas, evocando un diálogo entre civilización y naturaleza. En sus obras, captura esta tensión, presentando superficies donde las líneas naturales crecen y se relacionan con las geométricas por medio de la proporción áurea y los materiales utilizados.

Estefanía Serrano (Altura, 1999), artista plàstica i visual, graduada en Belles Arts per la Universitat Politècnica de València i titulada en el Màster de Producció Artística en la mateixa institució. El seu treball se centra en l'exploració de la línia dins de l'abstracció geomètrica contemporània.

A través de la pintura, investiga la dualitat i el significat de la línia recta i la seua relació amb la superfície. Inspirada per teòrics com Paul Klee i Le Corbusier, distingix entre dos funcions de la línia: una intrínseca al pla que actua com a guia estructural, i una altra extrínseca que connecta punts marcats en la superfície, creant traçats que poden ser eliminats sense afectar la integritat del pla. Esta dualitat reflectix una tensió entre el natural i el cultural, una constant en la seua obra.

La línia recta, símbol de modernitat i raó en la societat occidental, es contraposa a les formes naturals i orgàniques, evocant un diàleg entre civilització i naturalesa. En les seues obres, captura esta tensió, presentant superfícies on les línies naturals creixen i es relacionen amb les geomètriques per mitjà de la proporció àuria i els materials utilitzats.

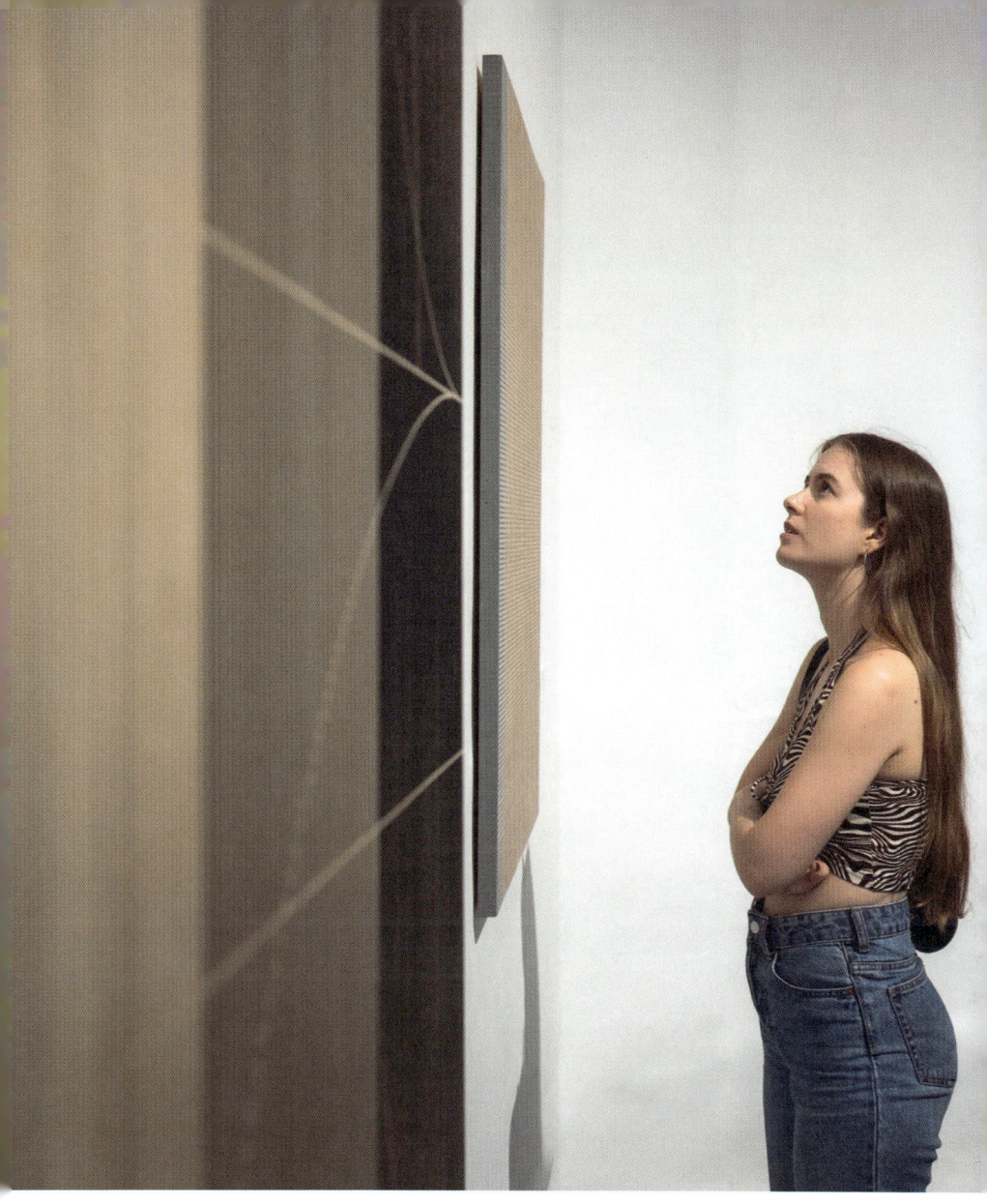

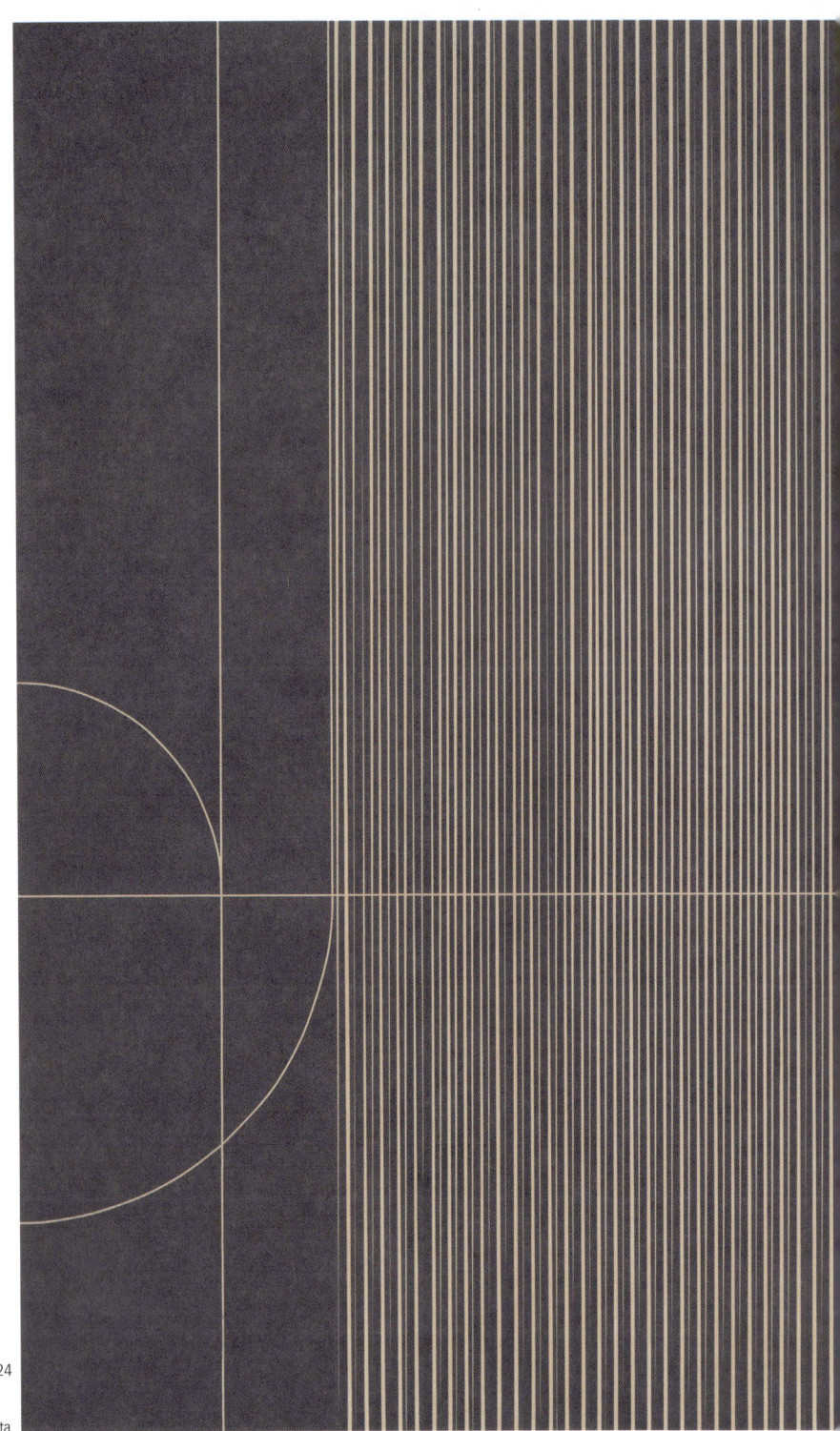

Sin título /
Sense títol, 2024
Acrílico sobre
madera /
Acrílic sobre fusta

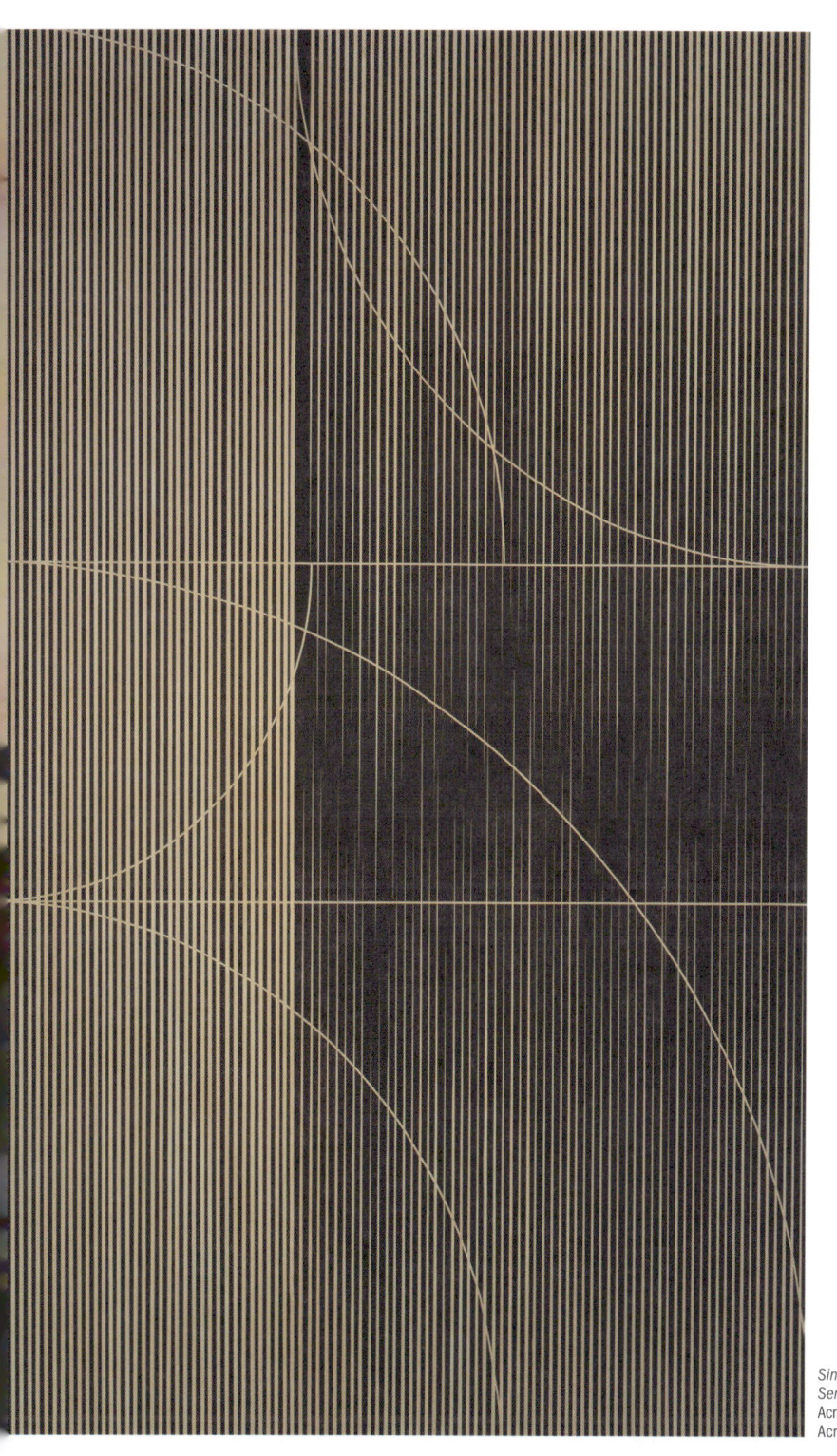

Sin título /
Sense títol, 2024
Acrílico sobre madera /
Acrílic sobre fusta

IGNACIO URIARTE

Gabinete de Dibujos

Ignacio Uriarte ha creado la pieza "site specific" *8 horas* para la Sala Ferreres, ocho dibujos que se pueden percibir como diferentes figuras geométricas, hasta 24 elementos en total que forman una estrella y aluden a la división del día laboral en las ocho horas de trabajo, ocho de ocio y ocho de sueño vigentes en España desde 1919. Con el color rojo y negro se hace referencia a las columnas de valores financieros, a valores positivos y negativos. Respecto al garabateo, es entendido como un acto de rebelión mínima en horas de trabajo, una meta-rutina que acaba convirtiéndose en representación monumental de tiempo acumulado.

Ignacio Uriarte (Krefeld, Alemania, 1972) estudió Administración de Empresas y artes audiovisuales. Tras trabajar para grandes corporaciones, desde 2003 se dedica al "arte de oficina". Ha expuesto en galerías de Italia, Alemania, Reino Unido, Islandia, Eslovenia, China y España, en museos de Europa, México y Estados Unidos, como The Drawing Center; y el Museo ABC, MARCO de Vigo, CGAC de Santiago de Compostela, Centre d'Art la Panera, Ars Santa Mónica, Sala Rekalde y Laboratorio 987 del MUSAC de León. Tras 15 años en Berlín, vive y trabaja en Valencia desde 2022.

Ignacio Uriarte ha creat la peça "site specific" *8 horas* per a la Sala Ferreres, huit dibuixos que es poden percebre com a diferents figures geomètriques, fins a 24 elements en total que formen una estrela i al·ludixen a la divisió del dia laboral en les huit hores de treball, huit d'oci i huit de somni, vigents a Espanya des de 1919. Amb el color roig i negre es fa referència a les columnes de valors financers, a valors positius i negatius. Respecte al gargoteig, és entés com un acte de rebel·lió mínima en hores de treball, una meta-rutina que acaba convertint-se en representació monumental de temps acumulat.

Ignacio Uriarte (Krefeld, Alemanya, 1972) va estudiar Administració d'Empreses i Arts Audiovisuals. Després de treballar per a grans corporacions, des de 2003 es dedica a l'«art d'oficina». Ha exposat en galeries d'Itàlia, Alemanya, el Regne Unit, Islàndia, Eslovènia, la Xina i Espanya; en museus d'Europa, Mèxic i els Estats Units, com The Drawing Center, i el Museu ABC, MARCO de Vigo, CGAC de Santiago de Compostel·la, Centre d'Art la Panera, Ars Santa Mónica, Sala Rekalde i Laboratori 987 del MUSAC de Lleó. Després de 15 anys a Berlín, viu i treballa a València des de 2022.

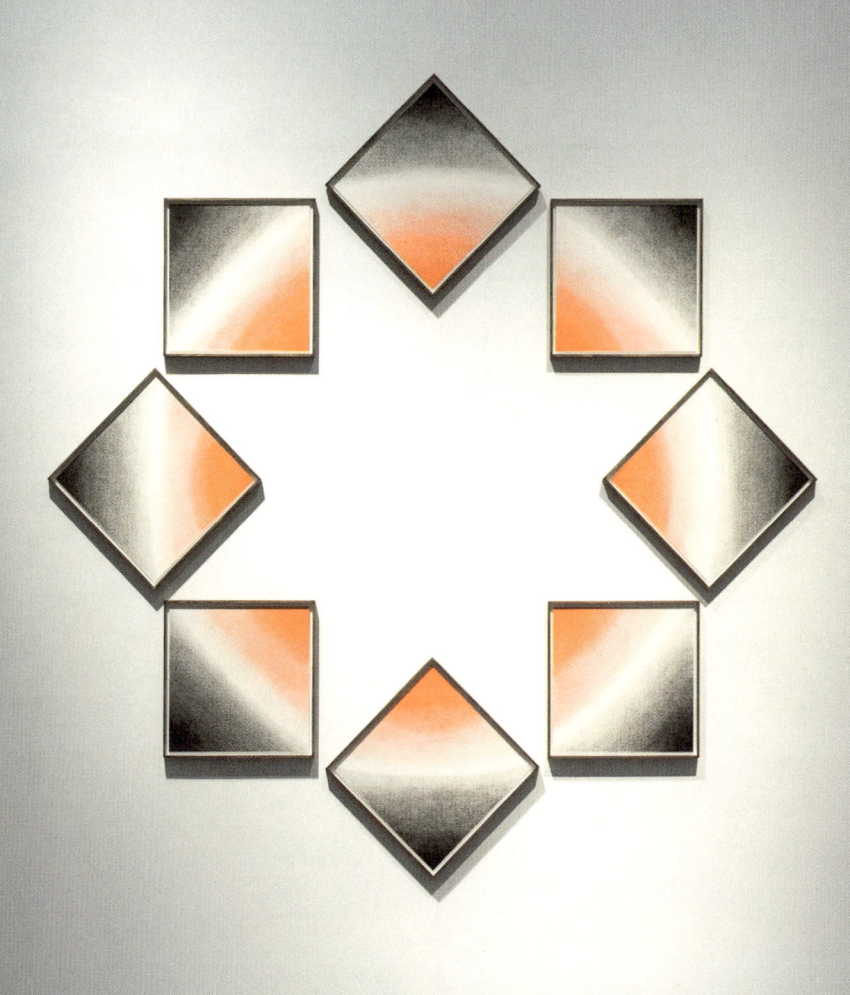

8 horas, 2024
Bolígrafo sobre papel /
Bolígraf sobre paper
300 x 300 cm

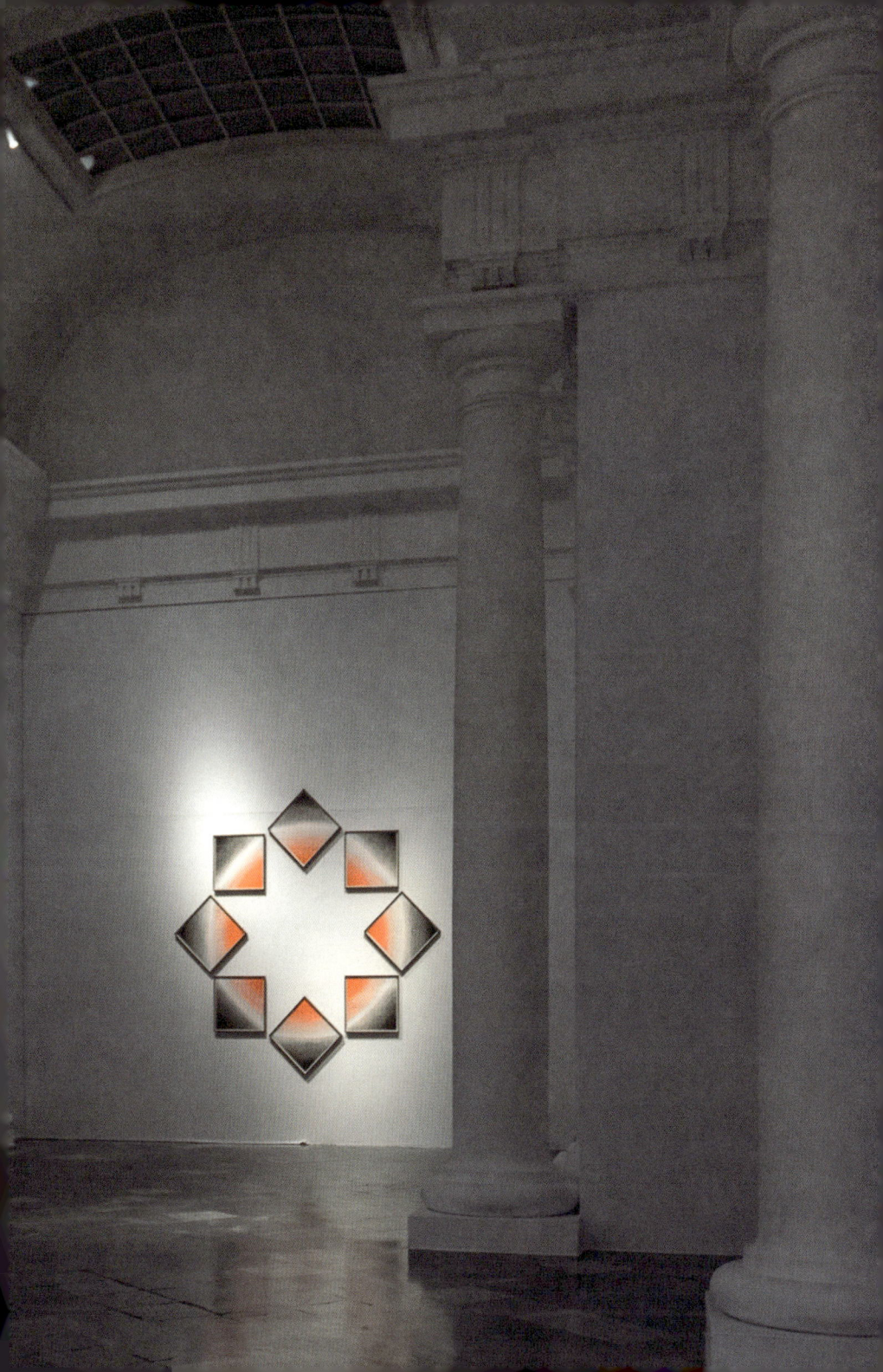

YAARI YLANA

Galería Thema

Ylana Yaari (Brasil, 1999) es una artista multidisciplinaria con una formación en el método Waldorf/Steiner. Con su pintura, escultura y textiles, explora intuitivamente la conexión entre el mundo no visible y el mundo físico y sus implicaciones para la sociedad contemporánea. En sus pinturas y esculturas de raíces, aborda temas como el sentido de pertenencia y la identidad, investigando cómo las estructuras nos mantienen arraigados a ciertos lugares. Según Yaari, su interés radica en cómo nuestro mundo interno se manifiesta en nuestras relaciones y acciones diarias, y cómo estas experiencias pueden ser trasladadas al ámbito de las sensaciones. Al pintar, canaliza una energía específica y entra en un "estado vacío", similar a los artistas espirituales como Hilma af Klint. En sus esculturas, explora la complejidad del cuerpo y su desconexión, empleando el crochet para representar memorias, traumas y cicatrices que marcan la experiencia humana. Cada puntada, según la artista, es un fragmento de historia, un eco de lo vivido y sentido. Sus obras invitan al espectador a experimentar un diálogo entre lo visible y lo sentido, entre el cuerpo físico y el emocional, mostrando cómo ambos se entrelazan en un proceso continuo de transformación.

Ylana Yaari (el Brasil, 1999) és una artista multidisciplinària amb una formació en el mètode Waldorf/Steiner. Amb la seua pintura, escultura i tèxtils, explora intuïtivament la connexió entre el món no visible . i el món físic i les seues implicacions per a la societat contemporània. En les seues pintures i escultures d'arrels, aborda temes com el sentit de pertinença i la identitat, investigant com les estructures ens mantenen arrelats a uns certs llocs. Segons Yaari, el seu interés radica en com el nostre món intern es manifesta en les nostres relacions i accions diàries, i com estes experiències poden ser traslladades a l'àmbit de les sensacions. En pintar, canalitza una energia específica i entra en un «estat buit», similar als artistes espirituals com Hilma af Klint. En les seues escultures, explora la complexitat del cos i la seua desconnexió, emprant el ganxet per a representar memòries, traumes i cicatrius que marquen l'experiència humana. Cada puntada, segons l'artista, és un fragment d'història, un ressò del viscut i sentit. Les seues obres conviden a l'espectador a experimentar un diàleg entre el visible i el sentit, entre el cos físic i l'emocional, mostrant com tots dos s'entrellacen en un procés continu de transformació.

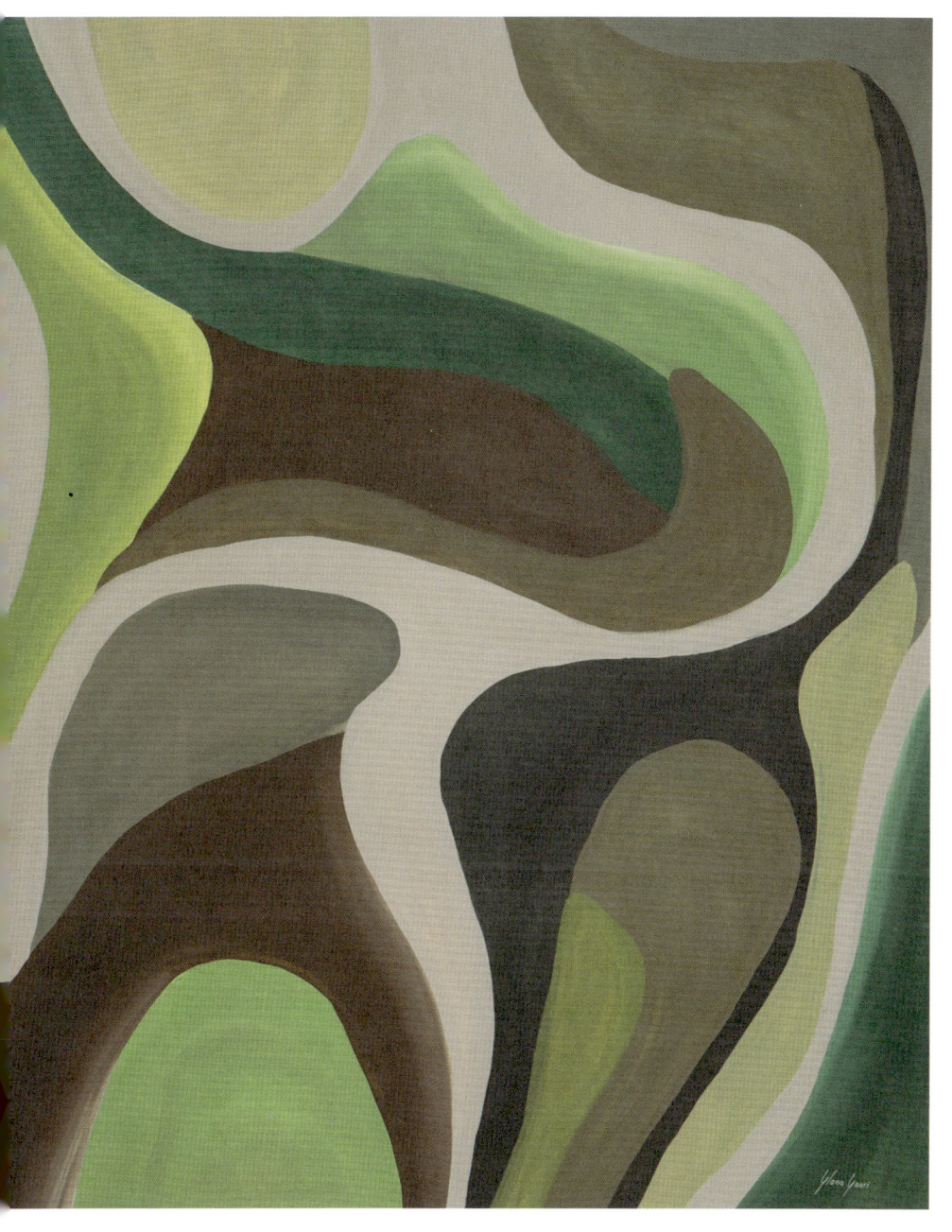

Sin título / Sense títol
Acrílico sobre lienzo /
Acrílic sobre llenç
135 x 106 cm

Sin título / Sense títol
Crochet de algodón y alambre /
Crochet de cotó i filferro
70 x 70 x 70 cm

Sin título / Sense títol
Acrílico sobre lienzo /
Acrílic sobre llenç
130 x 106 cm

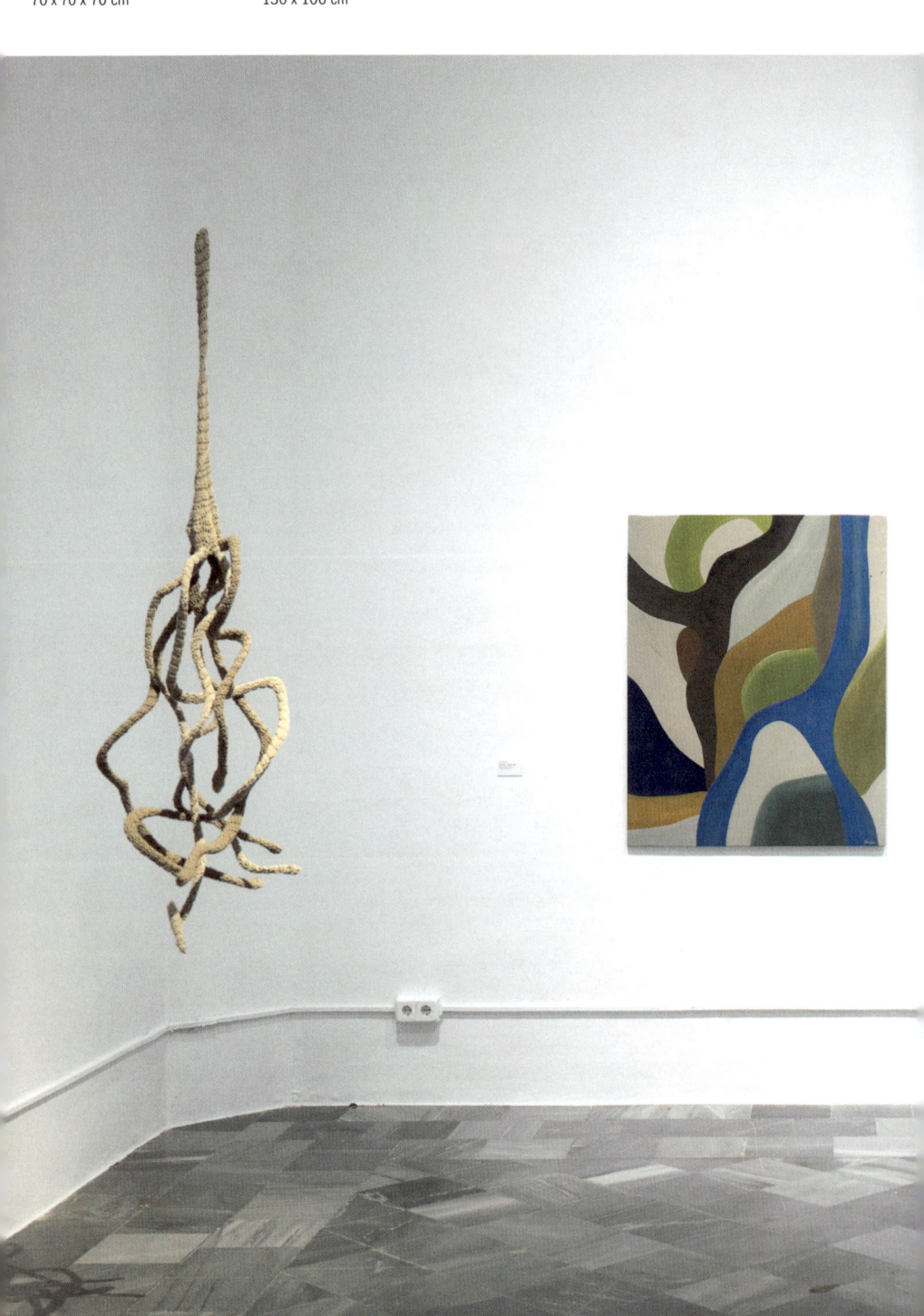

Sin título / Sense títol
Acrílico sobre lienzo /
Acrílic sobre llenç
120 x 106 cm

Sin título / Sense títol
Crochet de algodón y alambre /
Crochet de cotó i filferro
160 x 35 x 35 cm

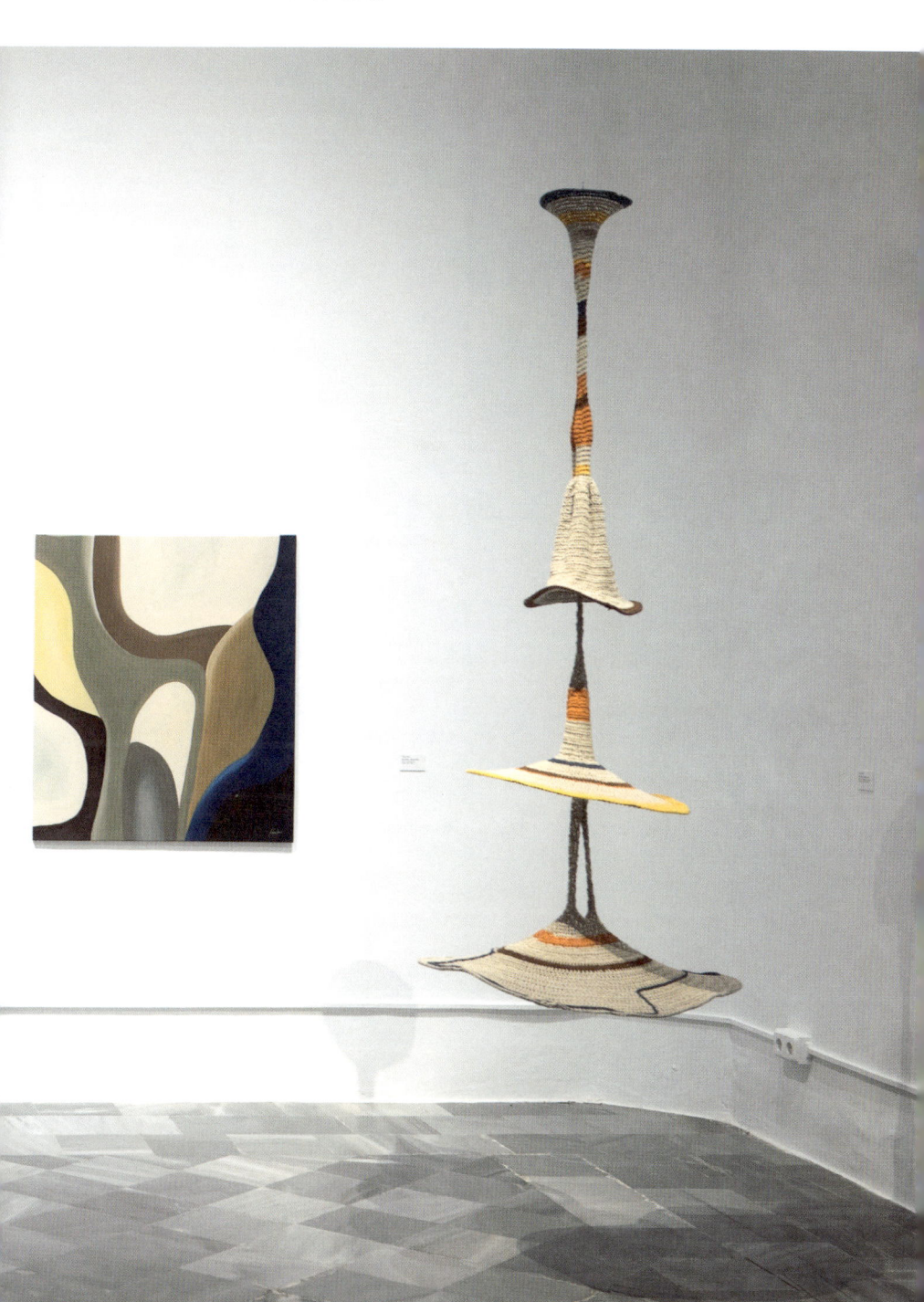

MIRADAS
ABIERTAS

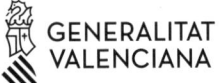